아홉 번의 대동란 북풍의 우환

3천 년 중국역사의 어두운 그림자 2

김택민 지음

저자 김택민 약력

고려대학교 대학원 문학박사
고려대학교 사범대학 교수
저서
『중국토지경제사연구』,
『중국고대 형법』(『동양법의 일반원칙』)
역주서
『역주당률소의』(명례편)·(각칙상)·(각칙하) 공역
『역주당육전』(상)·(중) 공역
논문
「수 양제의 훈관 폐지와 당대의 훈관 남수」
「수·당의 창업과 정통성」
「재당신라인의 활동과 공험(과소)」
「전한대의 상서와 영·평상서사」

역사에세이 6 아홉 번의 대동란, 북풍의 우환

2006년 5월 20일 초판1쇄 인쇄
2006년 5월 30일 초판1쇄 발행

지은이 : 김택민
펴낸이 : 임성렬
펴낸곳 : 도서출판 신서원
  서울시 종로구 교남동 47-2 협신빌딩 209호
  전화 : 739-0222·3 팩스 : 739-0224
  등록번호 : 제1-1805(1994.11.9)

ISBN : 89-7940-706-8

신서원은 부모의 서가에서 자녀의 책꽂이로
'대물림'할 수 있기를 바라며 책을 만들고 있습니다.
잘못된 책은 연락주세요.

아홉 번의 대동란
북풍의 우환

김태진 저

천하대동란에 대해 들어본 일이 있는가?

유목민족들의 침략전쟁이 끝없이 이어졌음을 아는가?

그리하여

중국의 전체 인구 2/3가 사라졌던 적이 있다면 믿겠는가?

중국에는 인구 2/3가 사라졌던 큰 대동란이 아홉 번 이상
이나 발생했다. 천하대동란은 모든 것을 파괴한다. 마침내
새로운 왕조를 탄생시키고, 부귀영화를 누리던 권력층을 한
꺼번에 물갈이한다.

다섯 오랑캐가 중국에 왕조를 세우고 분탕질한 세월이
280년이나 계속되었다. 거란족·여진족·몽고족·만주족의
정복전쟁도 참혹한 죽음의 세계를 연출하면서 수십 년씩 이
어졌다. 그들이 지배한 세월만도 470년 이상이었다.

차례

제1편 아홉 번의 대동란

제2편 북풍의 우환

제 1 편
아홉 번의
대동란

□ 쉼터 □

아홉 번의
대동란

    기원전 209년 진승·오광의 난이 발발한 이래 크고 작은 내란이 수백 번 발생했다. 내란은 때때로 중국 전체를 죽음의 소용돌이에 빠뜨렸다. 중국에는 이러한 참혹한 천하 대동란만도 아홉 번이나 있었다.

    수백 번의 내란 가운데 어떤 것이 천하 대동란이며, 역사상 그것이 몇 번 일어났는가 등에 대해서 학계에 합의가 있는 것 같지는 않다. 이 책에서 대동란으로 든 아홉 번의 내란은 순전히 필자의 임의적인 판단에 따른 것으로 객관적인 근거가 있는 것은 아니며 학계의 동의를 구한 것도 아니다.

    아홉 번의 대동란에 포함시키지 않은 내란 가운데도 기존 왕조에 치명상을 입힌 동란도 있고 중국 전체를 죽음의 세계로 몰아간 경우도 있다. 예를 들면 서진 말기의 농민 반란은 중국 전체를 죽음의 세계로 몰아갔고, 북위 말기의 '육진의 난'은 북위 정권에 치명상을 입혔다. 그렇지만 이 내란들은 다섯 오랑캐가 분탕질을 하던 위진남북조 시대에 일어났으므로 아홉 번의 대동란 속에 포함시키지 않고 뒤의 「다섯 오랑캐의 분탕질」의 장에서 서술하려고 한다. 또 명 중기의 농민 반란이나 청 후기의 백련교도의 난도 대동란 못지않은 파괴를 동반했지만 왕조 멸망까지 이르지는 않았으므로 아홉 번의 대동란 안에 포함시키지 않기로 한다.

대동란은 기존 왕조를 멸망시키거나 치명상을 입히는 대재앙이지만, 이로 인해 금방 멸망한 왕조가 있는가 하면 상당 기간 동안 명맥이 유지된 경우도 있다. 진승·오광의 난첫 번째, 녹림·적미적의 난두 번째, 황건적의 난세 번째, 수 말기의 농민 반란네 번째, 황소의 난여섯 번째, 원 말기 백련교도의 난일곱 번째, 이자성의 난여덟 번째은 전자에 해당하고, 안록산의 난다섯 번째과 태평천국의 난아홉 번째은 후자에 해당한다.

대동란의 피해 범위도 앞의 7차례의 경우 중국 전체에 미쳤지만 뒤의 2차례의 경우는 주로 일부 지역에만 미쳤다. 안록산의 난은 중원평원에는 심대한 피해를 미쳤음에도 회수 이남까지 확산되지는 않았다. 태평천국의 난은 양자강 유역에 집중적으로 피해를 입혔지만 중원평원의 피해는 상대적으로 덜했다.

대동란은 대체로 극심한 빈부 격차와 대기근으로 불안해진 사회 분위기를 틈타서 향촌의 호걸들이 굶주린 농민들을 모아 우발적으로 일으키는 봉기가 발단이 된다. 그러나 사전에 조직적으로 준비된 봉기가 천하 대동란으로 발전한 경우도 있다. 황건적의 난, 원 말기 백련교도의 난, 태평천국의 난이 이에 해당한다. 이 반란들을 주도한 조직은 비밀 종교 결사인데, 황건적의 난은 태평도가, 백련교도의 난은 백련교 도가, 태평천국의 난은 홍수전이 기독교의 영향을 받아 조직 한 상제회가 중심이었다.

사전에 준비는 있었지만 비밀 종교와는 무관하게 이민족 무장의 주도 아래 발발한 안록산의 난도 있다. 이 난은 유목 민 출신 장군 안록산이 휘하에 거느리고 있던 군대를 동원하 여 일으킨 것이므로 엄밀하게 따지면 농민 또는 민중 반란이 라고 볼 수 없다. 이 때문인지 중국 학자들은 이 난을 농민 전쟁사에 포함시켜 서술하지 않는다. 그렇지만 안록산이 반 란을 일으키자 중원평원의 농민들이 대거 호응하여 순식간 에 화북 일대가 전란의 소용돌이에 빠졌고, 이로 말미암아 당나라는 치명상을 입었다. 이 점을 고려하여 천하 대동란 속에 포함시켜 서술하기로 한다.

대동란은 중국 전체를 죽음의 세계로 몰아갔다. 그 참혹 한 파괴 작용에 대해서는 뒤에서 상세히 설명하게 될 것이다. 또한 대동란은 기존 왕조를 멸망시킴과 동시에 그 왕조의 황 실 및 관인 등 지배 집단 대부분을 살육하거나 역사의 피안으 로 사라지게 만든 뒤 그 자리를 새로운 얼굴로 대체시키는 작용을 한다. 기존 왕조의 지배 집단에 포함되어 있던 사람들 가운데도 기민하게 사태를 파악하여 대세를 장악하는 쪽에 가담함으로써 새로운 지배 집단의 일원으로 동참하는 사람들이 없지는 않았다. 그러나 이런 행운을 얻는 사람은 소수였고 대부분은 자신들이 충성을 바치던 왕조의 운명과 마찬가지로 대동란의 소용돌이 속에서 파멸했으며, 새로운 왕조의 황실과 공신들이 그들의 자리를 대신 차지하고 부귀영화를 누렸다.

이 대목에서 우리가 주목해야 할 것은, 주기적인 대동란이 중국 역사의 특수한 현상이며 그밖에 다른 세계 역사에서는 일어나지 않았다는 점이다. 다만 지금 여기에서 세계사를 모두 살펴볼 여유는 없으므로 유럽사만을 들어 비교사적으로 검토해 보기로 하겠다.

고대 로마 시대에도 노예의 반란이나 군인들의 반란이 있었다. 그렇지만 그 반란의 경우 천하 대동란으로 발전하여 전국을 초토화하거나 기존 왕조를 전복시켜 지배 집단을 송두리째 교체해 버릴 정도로 확대되지는 않았다. 중세 봉건 시대에 이르면 농노들은 영주들의 지배 아래 묶여 있으면서 봉건 귀족의 지배를 신의 뜻으로 받아들여 그들의 정통성을 부정하거나 권위에 도전하는 일은 없었다.

농노들의 집단적인 봉기나 시위는 중세 말기부터 나타나기 시작하고 14·5세기에는 반란으로 비화되기도 했다. 그렇지만 반란의 규모도 크지 않았을 뿐만 아니라 그들의 요구도 세금 경감이나 소금 값 인하, 그리고 신앙의 자유를 요구하는 것에 그쳤다. 일반 민중이 봉건 귀족의 정통성을 부정하거나 권위에 도전하고 그들을 대신해서 스스로 지배층으로 군림하고자 하는 요구나 시도는 없었던 것이다. 다시 말하면 프랑스대혁명에 의해 봉건 귀족들이 역사의 피안으로 사라지고 대신 자본가들이 역사의 주역으로 등장하는 대변혁[프랑스대혁명]이 있기 전까지 귀족들의 권위와 정통성이 피지배층에 의해 부정됨으로써 그들의 지위를 상실한 경우는 거의 없었다고 보아도 지나치지 않다.

유럽사의 예가 그러하지만 우리나라나 일본, 그리고 이슬람 세계나 인도의 경우도 크게 다르지 않다. 주기적으로 대동란이 일어나 천하가 잿더미가 되는 대파괴 작용이 일어나는 중국과는 다른 것이다. 오직 중국만이 대파괴 작용과 동반하여 기존 왕조가 멸망하고 지배 집단이 송두리째 교체되는 역사를 가진 것이다. 이런 점에서 대동란을 제쳐두고 중국 역사를 이해한다는 것은 본질에서 크게 멀어진 것이라는 점을 강조하고 싶다.

1) 진승-오광의 난[첫 번째 대동란]

기원전 221년 진시황제가 6국을 병합하여 천하를 통일했다. 그는 기원전 219년(진시황 28년)에 제작한 낭야대 각석문琅邪臺刻石文에 다음과 같이 새겨놓았다.

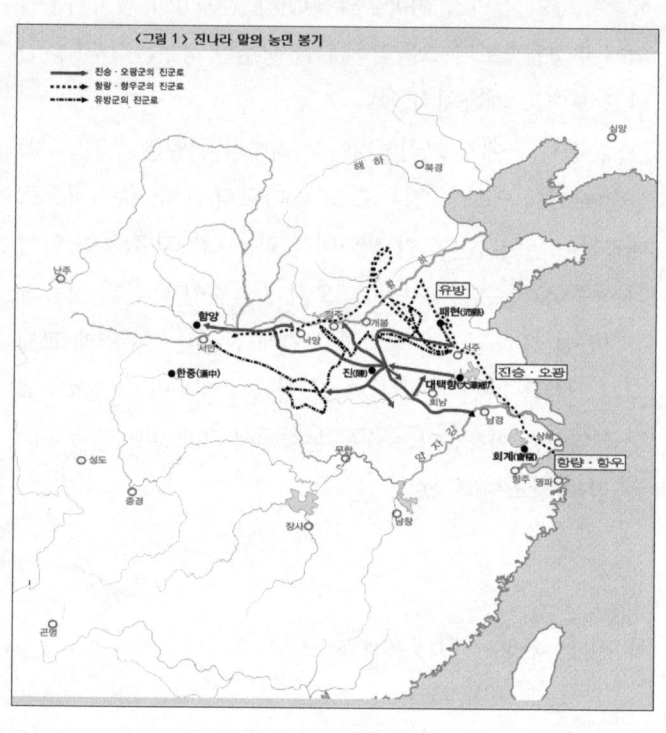

〈그림 1〉 진나라 말의 농민 봉기

진승 · 오광군의 진군로
항량 · 항우군의 진군로
유방군의 진군로

유방

펑현(沛縣)

진승 · 오광

항량 · 항우

대택향(大澤鄕)

회계(會稽)

황제의 덕에 의해 사방이 안정되었고, 난을 일으키는 사람을 주멸하고 폐해를 일으키는 사람들을 제거했으니 이로움이 일구어져 지극한 복에 이르게 되었다. 제반사를 때맞추어 절도 있게 시행하면 식산殖産이 번창하여 민들이 안녕하게 될 것이니 군대를 동원할 일이 없을 것이며, 육친六親이 서로 보호하여 전쟁이 영원히 사라질 것이다.[『사기』 권6, 진시황본기]

이 글에서 보듯이 진시황제는 자신의 통일 사업이 전국 시대 내내 전개되었던 피비린내 나는 전쟁을 종식시키리라 천명하고 희망했다. 그러나 그의 희망은 이루어지지 않았다. 기원전 209년(2세황제 2년) 머슴살이하던 진승과 오광이 반란을 일으킨 때부터 한 고조 유방이 초 패왕 항우를 패사시키고 재통일을 완성할 때(202 BC)까지 9년 동안은 전국 시대보다 훨씬 참혹한 전란의 시대였다.

진시황제의 천하통일은 엄격한 법으로 민들을 조직 관리하여 부국강병을 달성했기 때문에 가능했다. 통일 전쟁을 치르는 동안 엄격한 법망에 의해 통제된 민들은 군대로 징발되거나 노역에 동원되었고 무거운 세금을 부담해야만 했다.

통일 전쟁이 끝난 뒤에도 엄격한 통제는 완화되지 않았다. 세금은 여전히 무거웠고 농업을 장려하고 상업을 억제한다는 명분으로 상인들을 모두 징발했다. 이는 민들의 이동을 최대한 억제하기 위한 것이었다. 통일 체제를 유지하고 흉노의 침입에 대비하기 위해서는 막강한 군대를 유지해야 했다.

이를 위해 민들은 강제로 군대에 징집되었다. 만리장성을 축조하고 아방궁과 여산릉을 조영하는 데도 엄청난 노역을 동원했다. 능묘 조성에는 전국의 죄수(刑徒) 70만 명이 동원되었다. 이 많은 죄수를 동원하기 위해서는 사소한 범죄자라도 모두 죄인으로 징발해야 했다.

이같이 진시황제는 새로 확보한 6국 지역에까지 진나라 법을 그대로 적용했는데, 이는 비교적 느슨한 국가 조직 편제 아래 살던 민들의 반발을 불러일으키기에 충분했다. 역사는 그런 상황에 대해 이렇게 기록하고 있다.

시황제에 이르러 마침내 천하를 통일했는데, 안으로는 큰 공사를 일으키고 밖으로 외적을 물리치기 위해 수확의 2/3를 세금으로 징수하고, 농업을 장려하고 상업을 억제한다는 명분으로 상인들을 모두 징발했다. 이로써 남자들이 힘써 농사짓고, 여자들이 힘써 방적했지만 늘 양식과 의복이 부족했다. 천하의 재물을 모두 긁어모아 그의 욕심을 채워주어도, 오히려 그의 탐욕을 채우는 데는 부족했다. 마침내 천하 사람들이 근심하고 원망하여 도망하거나 반란을 일으켰다.[『한서』권24 상, 식화지]

진시황제 재위시에 이미 반란의 조짐이 있었지만, 그가 죽자 곧 잠복하고 있던 불만세력이 수면 위로 떠올랐다. 2세 황제 즉위 다음해(209 BC) 진승과 오광이 반란을 일으켰던 것이다. 이들의 반란이 기폭제가 되어 중국 역사상 최초의 천하 대동란이 발생했다.

한 초기 가의賈誼가 지적한 바와 같이 진승은 미천하고 재능도 없는 사람이었다.

진섭陳涉은 옹기를 새끼로 꿰어 창문으로 삼을 만큼 가난한 집의 자식으로 천하고 일정한 거처도 없었으며, 재능은 중간치도 못되어 현명하지도 부유하지도 못한 사람이다. 그런 그가 졸병들 속에 섞여 있다가 수백의 무리를 이끌고 진나라를 공격했는데, 나무를 꺾어 병기를 만들고 장대를 세워 깃발을 걸자 천하가 구름같이 호응했고, 산동 호걸들이 모두 일어나 진을 멸망시켰다.[『사기』 권6, 진시황본기]

진섭은 진승의 자字이다. 진승은 본래 머슴살이하던 사람이었고, 그와 함께 봉기를 주도한 오광도 농민이었다. 진승은 젊은 시절 남의 집 품팔이를 했는데, 어느 날은 농기구를 던져버리고 밭두렁에 앉아 장탄식을 하며 "앞으로 부귀해지면 서로 잊지나 말쟈" 고 했다. 다른 품팔이꾼들이 "품팔이꾼 주제에 어떻게 부귀해지겠느냐?" 하고 바웃자, 한숨을 쉬며 "그런가! 제비나 참새 따위가 어찌 기러기의 뜻을 알겠는가燕雀安知鴻鵠之志哉?" 라고 했다. 그는 비록 품팔이꾼일지라도 언젠가는 부귀해질 수 있다는 포부를 가지고 살던 사람이었다.

2세황제 2년(209 BC) 진승과 오광은 지금의 북경 지방으로 수자리 살러가던 9백 명 대열에 둔장으로 끼어 있었다. 1둔은 5인으로 구성되므로 지금 우리나라 군대의 분대장보다 낮은 지위다. 때마침 홍수가 나서 길이 막혔으므로 그들 모두는 정해진 날에 목적지에 도착할 수 없게 되었다. 기일 안에 도착하지 못하는 사람은 참수형에 처하는 것이 진나라의 법이었다. 진승은 오광과 함께 모의하기를 "지금 도망가도 죽지만 큰일을 꾸며도 역시 죽는다. 죽음을 기다리기보다는 국가 경영을 도모하다가 죽는 것이 낫지 않는가?" 라고 했다. 이어서 진승이 말했다.

천하 사람들이 진나라에게 고통을 당한 지 오래다. 내가 듣기에 2세황제는 차남이므로 황위를 계승해서는 안되고, 마땅히 황위를 계승할 사람은 공자 부소扶蘇라고 한다. 부소가 여러 번 시황제에게 간언했기 때문에 황제가 변방으로 내쳐 군대를 거느리게 했다. 지금 들으니 부소는 죄가 없는데 2세가 죽였다고 한다. 백성들은 모두 그가 현명하다고 듣고 있는데, 아직 그의 죽음을 모른다. 항연項燕은 초나라 장군으로 여러 번 공을 세우고 사졸들을·사랑하여 초나라 사람들이 기리고 있는데, 죽었다고도 하고 망명했다고도 한다. 지금 무리들을 거느리고 우리들 자신이 각각 공자 부소와 항연이라 속이면 천하의 우두머리라고 여겨 당연히 많은 사람들이 따를 것이다.

진승은 이윽고 인솔하던 장교를 죽이고 무리를 선동했다.

여러분은 큰비를 만나 기일을 어기게 되었는데 기일을 어긴 사람은 모두 참수형에 처해진다. 설령 참수형에 처해지지 않

는다 하더라도 노역을 하는 동안 열에 예닐곱은 죽는다. 죽지
않는다면 모르지만 죽을 바에야 큰이름을 떨쳐야 하지 않겠
는가? 왕후장상의 씨가 따로 있겠는가?

진승의 말이 끝나자 무리들이 "삼가 명에 따르겠습니다"
라고 했다. 이로써 중국에서 발생한 아홉 번의 대동란 가운데
첫 번째 대동란이 시작되었다. 일단 그가 봉기하자 순식간에
도처에서 호응하여 진나라에 대항하는 큰 세력이 형성되었
다. 6국의 옛 귀족들은 이 틈에 멸망한 고국을 회복하려고
일어섰고, 유사游士·유생儒生들은 부귀영화의 기회를 노리고
힙류했다.

진승은 곧 스스로를 장초왕張楚王이라 칭하고 세력을 규합
해 진나라를 공격했다. 진나라는 정예군을 진군시켜 대항케
하는 한편, 여산릉 조성에 동원되어 있던 죄수들을 병졸로 삼
아 응전케 했다. 진승은 아이러니컬하게도 죄수들로 편성된
진나라 군대에 의해 큰 타격을 입고 곧이어 자신의 마부에게
살해되었다. 그가 세운 나라도 6개월 만에 해체되고 말았다.

진승이 세운 나라는 해체되었지만 그의 봉기에 호응해서
일어났던 호걸과 구귀족들이 각각 세력을 규합하여 진나라
를 공격했다. 그 가운데 세력이 가장 컸던 인물은 초나라 귀
족의 후예 항우와 농민 출신 유방이었다. 항우와 유방은 각각
다른 경로로 수도 함양이 있던 관중으로 진격했는데, 유방이
먼저 관중에 들어가 진 3세왕 자영의 항복을 받아냈다.

항우는 유방보다 늦게 관중에 도착했지만 압도적으로 우세한 군사력을 배경으로 스스로 패왕이라 칭하고 정국을 주도했다. 그는 진나라 멸망에 공을 세운 18명을 왕으로 봉한 뒤 자신은 초나라로 돌아갔다. 유방은 제일 먼저 관중으로 진격하여 진왕의 항복을 받아낸 공이 있었으나 항우의 견제를 받아 사방이 산으로 둘러싸인 한중漢中땅의 왕으로 봉해졌다.

그러나 유방은 교묘한 책략으로 한중을 탈출하여 그를 견제하기 위해 세운 관중의 3왕을 격파하고 그 지역을 장악했다.(206 BC) 이 때부터 유방과 항우의 치열한 쟁패전이 시작된다. 초기의 군사적 우세에도 불구하고 항우는 패하여 결국 해하에서 자살했고, 천하는 유방의 차지가 되었다. 유방은 기원전 202년 황제로 즉위하니 중국 역사상 최초의 농민 출신 황제다.

5년 동안 전개된 치열한 전쟁은 전국을 황폐화시키고 엄청난 인명 피해를 낳았다. 전란이 끝난 뒤 큰 성은 텅 비어 사람이 살지 않고 인구는 열 중 두셋만 남았을 정도였다.『사기』 권18, 高祖功臣侯者年表 이것이 중국 역사상 최초로 발생한 천하 대동란이다. 그리고 이후 중국에는 이와 유사한 형태의, 그러나 이보다 더 참혹한 대동란이 2·3백 년마다 주기적으로 발생했다.

대동란 끝에 성립한 한나라는 진나라 멸망의 원인을 교훈으로 삼아 엄격한 법치를 지양하고 법 적용을 최소화하는 정치 방법을 채택했다. 이러한 정치 방법을 황노무위黃老無爲라

하는데, 작위적인 정치를 하지 않는다는 의미다. 세금을 감면하고 노역 동원을 자제하며, 외국 특히 흉노에 대해서는 전쟁 대신 평화적인 방법으로 문제를 해결하려는 정책이다.

이 정책은 대동란 이후의 취약해진 생산 기반을 회복하고 질서를 안정시키기 위한 조치였다. 현대 중국의 학자들은 이 같은 정책을 착취 계급이 일시 수탈을 유보한　양보 정책 이라고 정의하고 있다.

여하튼 이 정책이 시행됨으로써 민들은 일시나마 숨을 돌려 생산력 또한 회복하게 되었다.

2) 녹림·적미적의 난[두 번째 대동란]

공세적 대외 정책을 추진하던 한 무제가 죽고 소제가 즉위(87 BC)한 뒤, 곽광霍光의 주도로 화평 정책을 추진하자, 민들은 다시 휴식을 취할 수 있었다. 이 때부터 왕망이 집권하는 기원 8년까지 거의 1백 년간은 큰 전란이 없는 평온한 시기였다. 특히 소제와 선제 때는 무제 때의 피폐함이 회복되지는 않았지만 정치가 안정되어 치세에 가까웠다. 그러나 선제 후기부터 정치는 혼탁해지고, 빈부 격차는 심해져 갔다. 부자들은 왕후와 같이 호사스런 생활을 즐겼지만 빈민들은 초근목피로 연명하거나 도적이 되어 도처에서 폭동을 일으켰다. 이

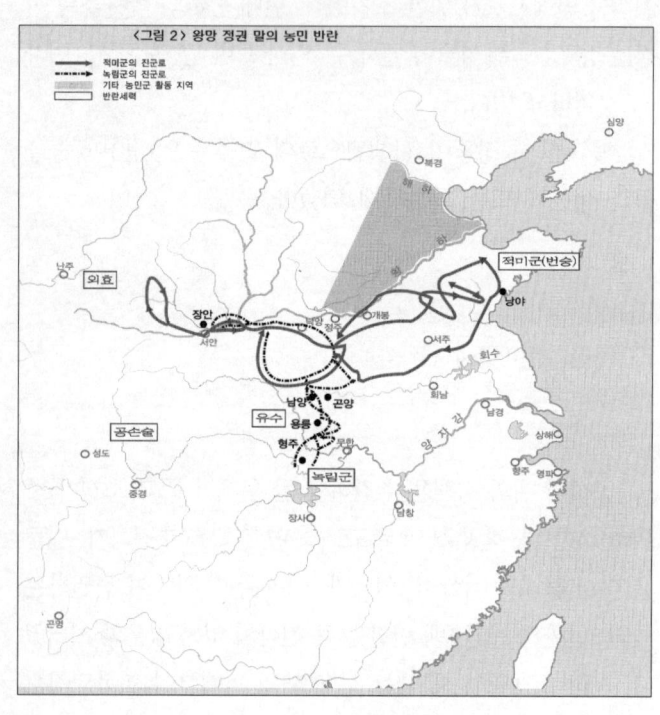

〈그림 2〉 왕망 정권 말의 농민 반란

로써 사회 전체에 위기감이 극도로 고조되어 갔다.

위기감이 사회 전반으로 확산된 상황에서 왕망이 교묘한 방법으로 한나라를 멸하고 신나라를 세웠다. 왕망은 사회 모순을 혁파하기 위해 토지 제도·화폐 제도·전매 제도 등을 개혁했다. 그러나 현실과 괴리된 그의 정책은 실효를 거두지 못하고 오히려 빈민들의 생계를 더욱 어렵게 만들었다. 게다가 매년 발생한 극심한 자연 재해로 대기근이 계속되었다.

왕망이 정권을 잡은 지 3년째 되던 기원 11년부터 각지에서 다시 농민 폭동이 일어나기 시작했다. 기원 17년부터는 매년 기근이 든 양자강 중류의 형주 지방에서 대규모의 군도들이 출몰했는데, 이들은 녹림산을 근거지로 삼았기 때문에 녹림군이라 불렸다. 왕망은 급히 대군을 동원하여 녹림군을 공격했으나 대패(AD 21)하고 말았다. 그렇지만 때마침 녹림산 중에 유행병이 돌아 녹림군도 근거지인 산에서 내려와야 했다. 이후 이들은 여러 갈래로 뿔뿔이 흩어져 약탈을 일삼는 유적이 되었다.(AD 22)

녹림군이 출몰하던 때, 형주 북쪽의 남양 지방에서 한나라 종실로서 향촌의 큰 호족이던 유연劉縯·유수秀 형제가 부근 현의 지주·호족들을 규합하여 봉기했다. 이를 용릉군舂陵軍이라 하는데, 그들은 왕망군과의 접전에 불리해지자 녹림군의 한 갈래인 하강병下江兵과 연합했다. 이 때 녹림군은 왕망군을 연파하며 무리가 10만이 넘을 정도로 강성해져 있었다.

녹림군은 유연·유수 대신 비록 종실이기는 하지만 무능

하고 세력도 미약한 유현劉玄을 황제로 세워 한나라 재건을 선언하고 연호를 경시更始라 했다. 역사에서는 유현을 경시제라 부른다. 경시제는 황제라고는 하나 실권도 위엄도 없었다. 그 정부도 전혀 체계가 없이 무질서했기 때문에 군도 집단의 성격을 크게 벗어나지 못했다.

황제를 세우고 한나라 부흥을 선언한 녹림군이었지만 왕망군이 총력을 기울여 공격하므로 그들은 곤양昆陽에서 포위되어 위기를 맞았다. 그러나 유수가 원군을 이끌고 와 왕망군을 공격하자 그 틈에 녹림군도 치고 나와 왕망군은 대파했다. 패전은 왕망 정권의 권위를 땅에 떨어뜨렸다. 이 틈에 전국 도처에서 민들이 무리를 지어 군현을 공격했다. 그들은 왕망이 임명한 관리들을 살해하고 경시제로의 귀속을 선언했다. 이에 힘을 더한 녹림군은 대부대를 편성하여 낙양과 장안을 공격하기에 이르렀다.

녹림군이 장안 점령을 눈앞에 둔 시점에 장안에서는 폭동이 일어나 왕망이 군중에게 살해되었다. 이 와중에 녹림군과 경시제는 장안에 진입했다. 그들은 엄격한 규율로써 질서를 회복시키려 했으나 통치자로서의 자질은 없었다.

녹림군보다 조금 늦게 중원의 동쪽낭야 거현에서 번숭樊崇 등이 봉기했다. 번숭은 주변의 유적 집단을 규합해서 큰 세력을 형성하고 왕망군을 대파했다. 이 전쟁에서 번숭군은 적과 구별하기 위해 눈썹에 붉은 칠을 했기 때문에 적미적이라 불렀다.

번숭은 경시제를 찾아가 충성을 약속하고 작위를 받았으나 경시제가 적미군을 배척하자 마침내 이탈하여 하남 일대에서 다시 봉기한 뒤, 몰락한 종실 후손으로 소몰이를 하던 유분자劉盆子를 황제로 옹립했다. 이 때 적미군은 30만에 이를 정도로 큰 규모였다.

당시 중원은 도처에서 많은 군도들이 출몰하여 노략질을 일삼았다. 개중에는 황제를 칭한 집단도 있었지만 대개 떠돌이 유구流寇 집단으로 노략질이나 일삼았다.

이들 유구 집단을 섬멸하면서 세력을 키우던 유수는 기원 25년 6월 황제로 즉위하고 한나라 부흥을 선언했다. 역사에서는 이 왕조를 후한後漢이라 부른다. 이 해 9월 적미군이 장안을 공격하여 경시제 정권을 무너뜨렸다. 그러나 적미군 역시 규율이 없는 유구 집단에 불과하여 관중의 호강豪强 무장 집단들로부터 완강한 저항을 받았다. 식량이 떨어진 적미군은 관중을 탈출하려 했으나 유수의 봉쇄망을 뚫지 못하고 모두 처참한 최후를 맞았다.

이후 유수는 각지의 지주 호족 세력을 규합하여 농민군을 진압해 나갔다. 기원 29년에는 중원 일대를 평정하고, 이어서 농서 지방에서 할거하던 외효隗囂와 촉 지방에서 할거하던 공손술公孫述을 평정하여 전국 통일을 완성했다.(AD 36) 기원 17년부터 시작된 대동란이 20년 만에 종결을 고한 것이다.

이 대동란은 왕망 정권에 저항해서 일어났다기보다는 전한 말 이래 누적된 사회 모순의 극대화로 초래된 것이었다.

수십 년 동안 이어져 온 가뭄과 홍수 그리고 메뚜기 떼의 재해가 가중되자 극도로 굶주린 떠돌이들은 약탈 외에는 생계를 꾸릴 방법이 없었다. 이런 상황하에 왕망의 무리한 개혁정치가 기폭제가 되었다.

무차별적인 노략질의 만연으로 파괴가 극심했다. 전쟁 전인 기원 2년에 5,956만이던 인구가 전란이 끝나고 20년 뒤인 기원 57년에는 2,100만으로 격감했다. 대동란이 전개되는 동안 전체 인구의 65% 가까이가 사라졌다. 엄청나게 참혹한 세월이었다. 이것이 중국에서 일어난 두 번째 대동란으로 첫 번째 대동란이 끝난 지 2백여 년 만의 일이다.

3) 황건적의 난[세 번째 대동란]

기원 87년 후한의 세 번째 황제 장제章帝가 죽고 화제和帝가 10살로 즉위했다. 어린 황제가 즉위하자 태후가 섭정했고, 정권은 외척 두씨에게 넘어가 그들이 조정의 요직을 모두 차지해 버렸다. 황제가 성인이 되어 권력을 회수하고자 했으나 그들은 응하지 않았다. 믿을 수 있는 사람이라고는 오직 환관들뿐이었으므로 황제는 그들의 협조를 얻어 두씨 세력을 소멸시켰으나 이로부터 환관들의 정치 개입은 필연이었다.

105년 화제가 27세로 죽자 황후는 태어난 지 1백 일밖에 안된 황자를 즉위시켰다. 황자는 즉위하자마자 죽고 뒤를 이어 13살의 안제安帝가 황제로 옹립되었다. 이런 터무니없는 황위 계승은 후한 말까지 계속되었다.

어린 황자를 황제로 즉위시킨 외척들은 황제가 성인이 되기 전까지는 그들의 의도대로 정권을 장악할 수 있었다. 그러나 일단 황제가 성인이 된 뒤에는 외척 세력은 제거되고 권력은 환관이 거머쥐었다. 이런 악순환이 반복됨으로써 후한의 정치는 한 발짝씩 혼란에 빠져들었다.

한편 당시 사회는 빈부 격차가 극심하여 백성들의 불만이 높아질 대로 높아져 있었다. 호족들의 토지는 산천을 경계로 할 정도였으나 가난한 백성들은 송곳 꽂을 땅도 없었다. 그럼에도 세금은 더욱 가혹해져 갔다. 후한 초 흉노와 강羌 등 유목 민족들을 무마하기 위한 막대한 선물도 그 요인 중에 하나였다. 매년 지불하는 선물 비용은 재정을 피폐시켰고, 이를 타개하기 위한 전쟁의 전비 부담이 가중되어 중기 이후 농민들의 고통은 클 수밖에 없었다.

이런 상황에서 매년 홍수·가뭄·메뚜기 떼의 재해가 일어났고 전염병도 만연했다. 삶이 극도로 피폐해진 민들은 고향을 떠나 유랑하면서 도처에서 폭동을 일으켰다. 106년부터 황건적의 난이 일어나는 184년까지 80여 년 동안 1백여 차례의 폭동이 있었다. 이런 폭동들은 비록 대전란으로 발전하지는 않았지만 사회는 점점 어수선해져 갔다.

184년 드디어 황건적 난이 일어났다. 이 난은 규모도 컸을

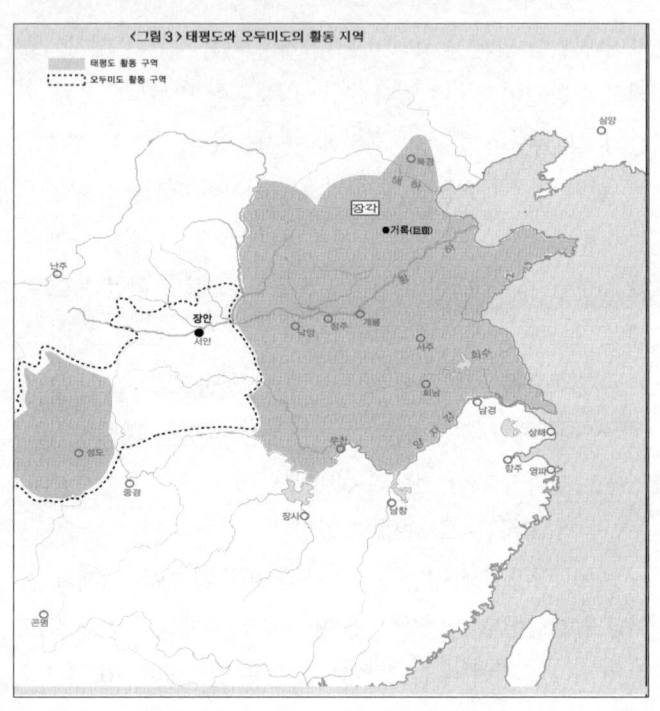

〈그림 3〉 태평도와 오두미도의 활동 지역

태평도 활동 구역
오두미도 활동 구역

뿐만 아니라 종교적인 성격을 띠고 있었다는 점에서 중국 역사에서 매우 중요한 의미를 가진다. 황건적 난의 기치를 든 장각張角은 후일 도교로 발전하는 태평도를 개창했다. 장각은 '부적符籍을 소지하고 선행을 하면 빈곤을 극복하고 질병을 치유할 수 있다'고 선전하며 비밀리에 종교 조직을 키웠다.

태평도는 유민들에게 전파되어 곧 중원 전체로 확산되었고, 세력이 급격히 확대되어 신도가 수십만에 이르렀다. 장각은 신도들을 36방으로 나누어 조직해 지휘하면서 "갑자년은 대길의 해이다. 창천은 이미 죽었으니 마땅히 황천이 세워지리라甲子大吉 蒼天已死 黃天當立 歲在甲子 天下大吉"라는 구호를 전파했다. 이는 한나라의 멸망은 필연적이며 따라서 새로운 세계가 시작된다는 뜻의 참위설을 토대로 한 것이다.

장각은 본래 184년 3월 5일에 일제히 봉기하기로 약속했으나 비밀이 탄로되어 2월에 서둘러 거사했다. 장각은 6방에 통지했으나 28개 군만이 호응했다. 이전의 두 대동란과는 달리 조직적으로 준비된 황건적의 대반란은 이렇게 시작되었다.

태평도의 봉기군을 황건적이라고 부른 것은 황색을 길吉한 색으로 믿어 누런 두건을 썼기 때문이다. 황건적은 무리가 매우 많고 세력이 커서 당시 조정에서는 개미떼와 같다는 뜻으로 의적蟻賊이라고도 불렀다. 그들은 성을 공격하여 관리들을 죽이고 관청을 불태웠으며, 관청 창고를 열어 굶주린 사람들에게 곡식을 나누어주었다. 이에 호응하는 자들이 구름처럼 몰려들었다.

황건적이 도성을 위협하자 후한 정권은 환관들의 핍박으로 관료로 나갈 길을 봉쇄당한 당인黨人을 사면하고 의병(근왕군)을 모집하여 진압에 나섰다. 황건적은 황보숭皇甫崇·주준朱儁·노식盧植 등이 지휘하는 관군과 조조·동탁 등의 의병들에 의해 6개월 만에 진압되었다. 대개 오합지졸이었던 그들은 지휘 체계가 갖추어지지 못했던 까닭에 쉽게 진압된 것이다.

주력군이 진압된 뒤 황건적의 무리들은 태항산 속으로 숨어들어 계속 저항했다. 크게는 2~3만, 작게는 6~7천에 이르는 무리의 총수는 1백만에 달했다. 188년 황건적은 다시 봉기했으나 무장한 호족들의 의병군에 의해 역시 진압되었다. 그 뒤 장로張魯가 태평도를 계승하여 오두미도를 조직했다. 세력을 형성한 이 무리들은 한중 지방을 중심으로 봉기하여 정부를 건설하는 등 20여 년간 저항했다.

황건적의 주력은 거의 5년 만에 진압되었다고 볼 수 있다. 그러나 이들의 진압으로 대동란이 종식된 것은 아니었다. 오히려 이 때부터 더 참혹한 상황이 전개되었다.

황건적 난이 일어나자 호족들 가운데 일부는 태평도나 오두미도에 호의를 가지고 가담하기도 했다. 그러나 대부분은 오塢나 보堡와 같은 성채를 구축하고 자체적으로 무장하여 스스로를 방위하거나 난을 진압하기 위해 나섰다. 후한 정권이 부패하여 효과적으로 대응하기 어려운 때에 호족들의 의병은 황건적을 진압하는 데 큰 힘이 되었다. 그러나 이 과정에서 각 지역의 호족 세력이 커져서 독자적인 지배권을 확보하게 되었고, 이로써 결국 군웅 할거의 국면이 형성되었다.

황건적을 진압하는 데 공을 세운 동탁은 기민하게 수도 낙양에 진입하여 권력을 장악하고 전횡을 일삼았다. 이에 동탁을 제거하고자 조조·원소 등이 연합군을 형성했다. 동탁은 이를 피해 황제를 이끌고 수도를 낙양에서 장안으로 옮겼는데, 이 와중에 약탈과 방화·살육이 극심하게 자행되었다. 동탁은 정변으로 피살되었으나 그의 부하 이각李催과 곽사郭汜가 정권을 잡은 뒤 서로 갈등하면서 벌인 전쟁은 장안과 관중을 완전히 폐허로 만들었다. 참혹한 살육 또한 예외없이 뒤따랐다.

동탁에 이어 조조가 권력을 장악했지만 군웅들이 각지에서 할거했다. 원소는 기주·청주·병주를 근거지로, 공손찬은 유주, 유비와 여포는 서주, 손책은 강동, 한수와 마등은 양주, 공손탁은 요동을 점거했다. 군웅들은 각기 패권을 차지하기 위해 치열한 전쟁을 벌였다. 5·6년 동안 전개된 이 혼전으로 중원은 폐허가 되었고 길에는 백골이 즐비했다. 군웅들의 쟁패전과는 별도로 황건적 잔당들이 횡행하면서 벌인 노략질 또한 잔혹했으므로 최악의 참혹한 사태가 빚어졌다.

이 때가 바로 '인류가 멸망할 수도 있다'고 외친 중장통이 살던 시대다. 이 극단의 시대를 두고 역사서는 "천 리를 가도 인적을 찾을 수 없다"거나 "열에 하나도 살아남지 못했다" 또는 "백에 하나도 살아남지 못했다"라고 썼고, 심지어는 '만에 하나도 살아남지 못했다'고 기록한 경우도 있으니, 그 참혹함을 짐작할 만하다.

4) 수 말기의 농민 반란[네 번째 대동란]

184년 황건적의 난으로부터 시작된 난세는 삼국 시대─서진 시대─오호십육국 시대─남북조 시대를 거치면서 계속되었다. 이런 장기간의 난세는 수 문제의 중국 통일에 의해서 종식되는 듯 보였다. 하지만 611년부터 대동란으로 수나라가 망하고 당나라가 건국되는 과정에서 또다시 인구의 2/3가 사라지는 참상이 빚어졌다. 이것이 중국 역사상 네 번째의 대동란이다.

대동란은 611년 산동에서 왕박王薄이 "헛되이 요동으로 가서 개죽음하지 말자[無向遼東浪死]"라는 노래를 부르며 봉기한 데서 비롯되었다. 왕박이 봉기하자 2·3년 만에 전국에서 250개 이상의 집단이 동시다발적으로 반란의 깃발을 들고 일어나 중국을 대전란의 소용돌이에 빠뜨렸다. 이 대반란은 주도한 인물이나 집단이 뚜렷하지 않기 때문에 통상 '수 말기의 농민 반란'으로 부른다.

왕박이 부른 노래 제목으로도 알 수 있듯이 이 때의 반란은 고구려 침공이 직접적인 원인이었다. 그러나 반란의 씨앗은 수 문제 때부터 싹트고 있었다. 문제는 오랜 분열 시대를 마감하고 통일 시대를 연 군주로 기억되지만, 통일 체제를 구축하기 위해서 민을 엄격히 통제하는 정책을 편 군주이기도 하다. 그는 모든 민을 호적에 등재하여 토지를 분배하고 조세와 노역을 징수하는 제도를 시행했다. 그런데 정작 토지는 분배되지 않은 채 조세와 노역만 철저히 징수했으므로 민들의 불만이 증폭되었다.

문제에 이어 즉위한 양제는 통일 체제를 정착시키기 위해 대규모 토목 사업을 일으켰다. 대운하 건설에 5백만 명 이상을 동원했고, 동도東都 낙양을 건설하는 데 2백만 명을 동원했다. 만리장성을 수축하는 데도 1백만 명 이상이 동원되었다. 양제는 황제의 위엄을 과시하기 위해 매년 엄청난 인원을 동원하여 순행했다. 특히 돌궐을 위압하기 위해 순행할 때 동원된 인원은 50만 명에 달했다고 한다. 이 같은 대규모의 행렬이 지나가는 지역 관청은 수행원의 음식과 마소의 사료를 준비하기 위해 몇 년 분의 세금을 미리 징수해야 하는 형편이었다. 그 때문에 수 정권에 대한 불만이 더욱 고조될 수밖에 없었다.

이런 상황에서 양제는 고구려 침공을 준비했다. 양제는 산동에 군부를 설치하여 군역에 필요한 군마를 기를 것을 명했다. 또한 전진 기지로 군량미를 운반하기 위해 마부 60만을 징발했는데, 두 사람이 3석을 운반하도록 했지만 길이 험하고 멀었기 때문에 마부의 식량으로 삼기에도 부족했다. 정작 목적지에 이르러서는 남은 것도 없이, 마부마저 반 이상이

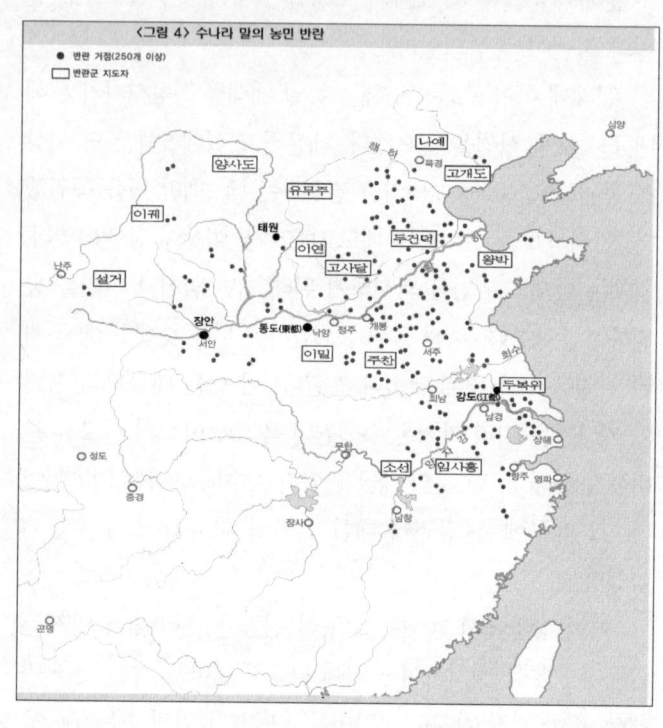

<그림 4> 수나라 말의 농민 반란

● 반란 거점(250개 이상)
□ 반란군 지도자

죽었다. 또 군대와 노역에 많은 장정들이 징발된 향촌에서는
때를 놓쳐 농사도 짓지 못했다.

마침 이 해 가을 산동·하남에 대홍수가 덮쳐 30여 군이
수해를 입었고, 그에 따라 곡식 값이 오르자 민들은 기근을
피해 노비가 되기를 자청했다. 이 지경이 되자 반란은 피할
수 없는 일이 되었다. 『자치통감』은 당시의 상황을 이렇게
기록하고 있다.

> 가만히 앉아 있으면 추위와 굶주림이 찾아들고 죽음이 시시
> 각각 다가오는데, 노략질을 하면 오히려 생명을 연장할 수
> 있었다. 이에 마침내 서로 모여 군도가 될 수밖에 없었다.『자
> 치통감』 권181, 611년 12월조

이런 상황에서 왕박이 봉기하자 민들은 기다렸다는 듯이
도처에서 봉기했다. 군도의 성격을 띤 반란군들은 지나는 곳
마다 약탈을 자행했으며, 군현의 성곽을 공격하고 창고를 약
탈했다. 국토는 폐허로 변해 갔다.

초기 반란은 향촌의 하층민과 호걸들이 주도했지만, 양
제가 두 번째 고구려 침공을 위해 요동으로 간 틈을 타서 예
부상서 양현감이 반란을 일으키자(613) 일부 고위 관리들까지
호응했다. 양현감의 반란군은 급히 귀국한 수 양제에 의해
진압되었으나, 고위 관리들의 반란은 수 정권의 권위를 뒤흔
들어 놓았다. 이 때부터 봉기군은 유력한 수령을 중심으로
20여 개의 큰 집단으로 통합되었으며, 각각 정부를 세워 수나

라 정권에 도전했다.

양제는 주력군을 투입하여 반란군을 진압하는 한편 반란의 확대를 막기 위해 성을 쌓고 모든 민을 성중에서 거주케 했다. 그러나 성 안에 갇힌 민들은 식량을 구할 수 없었다. 때문에 민들은 나무껍질을 벗겨 먹다가 그것도 떨어지자 흙을 먹었으며 마침내 서로 잡아먹는 상황이 벌어졌다.

이런 상황이 되자 민들은 생존 조건이 상대적으로 유리한 반란군에 합류할 수밖에 없었다. 정부군은 닥치는 대로 촌락을 불태우고 심지어 항복하는 반란군조차 모두 파묻어 죽여 버렸다. 민들의 분노를 키워줄 뿐이었던 이런 행위는 '원통하고 분해서 군도가 되겠다'는 사람을 더욱 증가시켰고, 반란군의 활동 또한 더욱 격렬해졌다.

616년 5월 민중군의 위협에 절박해진 양제는 몇몇 관료만을 동도에 남겨둔 채 대부분의 조정 관료들과 함께 강남의 강도江都로 피신했다. 양제의 강도로의 피신은 정권 포기를 의미했다. 이를 계기로 중국 천하는 새로운 제국 창출을 위한 패권 다툼의 장이 되어 더욱 치열한 전란 국면에 접어들었다.

이후 반란군들은 몇 개의 큰 세력으로 통합되어 각각 황제나 왕을 자칭하면서 패권 쟁탈전에 나섰다. 낙양에서는 이밀, 하북에서는 두건덕, 강회에서는 두복위와 서원랑, 유주에서는 나예, 하동에서는 유무주, 하서에서는 양사도와 이궤, 농서에서는 설거, 양자강 중류에서는 임사홍과 소선이 황제나 왕을 자칭하고 패권 다툼에 뛰어들었다. 이들 중에는 이밀 같은 귀족의 후예도 있었지만 대부분은 향촌에서 인망이 높은 하급 무관이거나 호걸들이었다.

중원평원에서 치열한 패권 전쟁이 벌어지는 동안 관롱關隴의 귀족 출신 이연李淵은 전란의 소용돌이에 휩쓸리지 않고 사태를 관망하면서 때를 기다렸다. 그는 617년 5월 태원에서 기병하고, 7월에 관중으로 출정한 뒤 겨우 4개월 만인 11월에는 장안을 점령하여 관중 전체를 확보했다. 장안에 입성한 이연은 양제를 태상황제로 추대하고 그의 아들 양유楊侑를 황제로 옹립했다.

이연은 양제가 강남에서 우문화급에게 살해되자 618년 4월 선양禪讓 형식을 빌려 황제로 즉위하여 당나라를 건국했다. 많은 영웅호걸들이 패왕의 길에 나섰지만 정작 새로운 통일 왕조를 창업하고 황제로 군림한 사람은 사태를 관망하며 기다리던 이연이었던 것이다.

이연 집단은 귀족들이 중심이었다. 태원에서 기의할 때부터 이연 군은 중앙의 관인 귀족들이 주도했고, 태원 일대의 관리·지주·호상들이 가담했다. 장안 입성 뒤에는 그야말로 "수도五陵의 호걸과 수도권三輔의 관리들 및 공경장상의 후예들餘緒이 모두 찾아와 의탁하거나 적극 지지했다"고 하며, 이로써 당나라의 창업 공신은 대부분 대귀족으로 채워졌다.

이연은 당나라를 창업한 뒤 회유하거나 진압하는 방법으로 반란군들을 제압해 나갔다. 반란군 수령들 가운데는 새로운 왕조에서 지배층의 일원으로 동참하기 위해 당나라에 귀부한 사람도 적지 않았다. 하지만 그것은 헛된 꿈에 불과했다. 당나라는 관료 귀족 출신이든 하층민 출신이든 반란군 수령들을 모두 제거했다. 항복하지 않고 저항하던 농민 출신 수령들도 사로잡혀 처형되거나 저항하다가 최후를 맞이했다. 624년 두건덕의 부하 유흑달이 두 차례에 걸쳐 완강히 저항하다 패함으로써 대동란은 종식되었고, 이로써 당나라 통일 제국이 완성되었다.

본래 민중들은 생존권을 위협받는 상황에서 때 스스로의 삶을 영위하기 위해 봉기에 참여하여 마침내 정권을 수립하고 패권을 다투는 데까지 끼어들게 된다. 그러나 그들은 대부분 죽음을 면치 못했고 그들의 반란으로 야기된 대동란은 모두의 삶의 터전을 잿더미로 만들고 말았다. 대동란 전인 609년(수 양제 대업 5년)에 4,600만이던 인구가 전란이 끝난 뒤 15년이 지난 639년(당 태종 정관 13년)에는 1,234만밖에 남아 있지 않았다. 이 수치는 호적에 등재된 통계에 따른 것이기는 하지만, 여하튼 전체 인구의 2/3가 소멸된 것을 의미한다.

5) 안록산의 난[다섯 번째 대동란]

당 전기는 고구려·백제를 침공하는 전쟁을 벌이고 토번의 침공을 받아 일부 지역이 폐허로 변하기는 했지만 중국 역사에서 보기 드문 장기간의 평화 시대였다. 그러나 이 평화 시대도 안록산의 반란으로 끝나고 만다.

755년 유목민 출신으로 화북 지방의 병권을 장악하고 있던 안록산이 반란을 일으키자 도처에서 이에 호응하여 화북 지방 대부분이 8년간의 대동란에 휩쓸렸다. 이민족 출신 장수가 막강한 군사력을 장악할 수 있었던 것은 당나라 군사 제도와 관련이 깊다. 또한 이민족 출신이 반란을 일으켰는데도 호응하는 사람이 많았던 것은 당나라의 지배 체제에 불만을 품은 사람들이 많았음을 의미한다.

원래 당 전기의 군사 제도는 주로 수도권 방위를 위한 부병府兵 체제였고, 주변 이민족의 위협에 대해서는 이이제이以夷制夷의 기미정책羈縻政策으로 대처했다. 이런 정책이 어느 정도 실효를 거둘 수 있었던 것은 통일 국가를 완성한 수나라와 당나라가 풍부한 물자를 미끼로 이민족들끼리 내분을 조장하여 서로 견제하도록 유도했기 때문에 가능했다. 그러나 이민족들이 통일 국가를 건설하여 당나라를 위협하자 변경에 야전군 편성이 불가피하게 되었고, 그 위협이 장기화하자 조정은 야전군을 상설화했다. 이 야전군의 지휘관이 절도사節度使다.

변경에서 점차 이민족들의 위협이 증대되자 야전 임무의 효율적인 수행을 위해 절도사에게 관할 지역의 행정권까지 위임했다. 이에 따라 절도사는 막강한 권력을 행사하게 되었다. 그 임무가 막중했으므로 초기에는 고위 관리가 절도사로

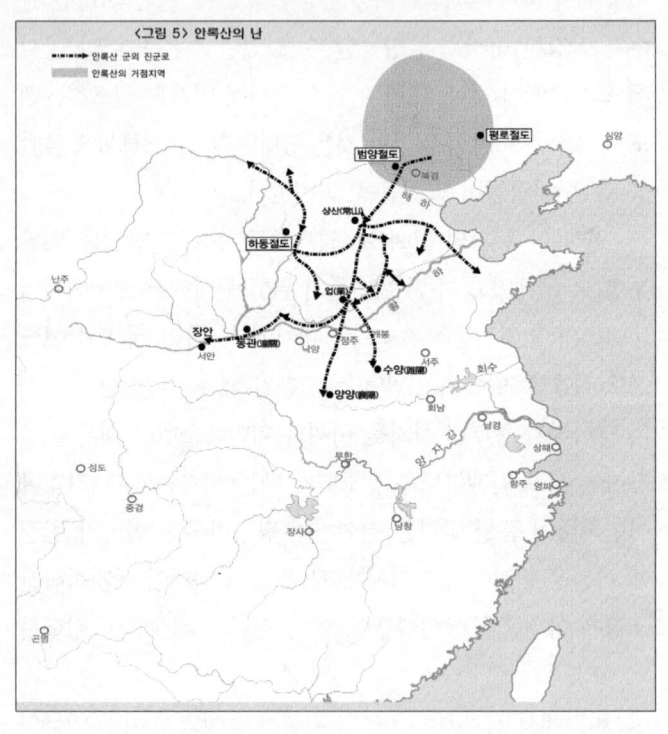

〈그림 5〉 안록산의 난

- ▪▪▪▪▶ 안록산 군의 진군로
- ▨▨▨ 안록산의 거점지역

범양절도

평로절도

하동절도

상산(常山)

장안

동관(潼關)

업(鄴)

수양(睢陽)

양양(襄陽)

취임했다. 그러나 점차 무관직에 취임하는 것을 영예스럽게 여기지 않는 풍조가 나타났고, 황제권에 대한 잠재적 위협을 사전에 방지하려는 목적으로 조정과 연고가 없는 이민족 무장을 절도사로 임명하는 예가 많아졌다. 이런 틈새를 이용하여 황제 현종에게 교묘하게 접근한 안록산이 3개 지역의 절도사를 겸임하고 막강한 군사력을 확보했다.

당시 사회는 대토지 소유가 성행하여 자립 소농민 층은 토지를 상실하고 유민이 됨으로써 세금을 징수하기 어려운 형편이었다. 당 정부는 숨겨진 토지와 도망호逃亡戶를 조사하여 인두세[租庸調]를 부과함으로써 기존의 지배 체제를 유지하려 했으나 이는 농민들의 불만만 가중시킬 뿐이었다.

이같이 사회 모순이 심각했지만 이림보李林甫와 같은 권신이 십수 년간 재상직을 독점했다. 게다가 현종이 양귀비와 환락에 빠져 있는 동안에는 양귀비의 6촌오라비라고 자처한 무뢰배 양국충楊國忠이 정권을 농락했으니 사회 모순은 해결될 수 없었다.

동북방 지방에서 18만여 명의 군사력을 거느리며 대군벌이 된 안록산은 당 정권을 위협할 만한 거대 세력이었다. 재상 양국충은 안록산이 모반할 것을 염려하여 염탐하기도 하고 수도로 불러들이기도 했으나 그 때마다 그는 교묘한 방법으로 위기를 모면했다.

안록산은 마침내 755년 11월 15만의 대군을 거느리고 간신 양국충을 제거한다 는 구실로 수도 장안을 향해 진격했다.

무력한 지방군은 허무하게 패했고, 다음달에는 낙양이 안록산의 수중에 떨어졌다. 낙양을 점령한 그는 대연大燕황제를 자칭하며 정부를 조직하여 당나라를 대신해서 중국을 지배하고자 했다.

당 조정은 장안을 지키기 위해 요새인 동관潼關에 방어진을 쳤다. 안록산 군의 배후에서는 하북태수 안진경顔眞卿과 그의 형 안고경顔杲卿, 곽자의郭子儀·이광필李光弼 등이 분전하고 의병들도 일어나 반군을 교란했으므로 전황은 한때 교착 상태에 빠졌다.

그러나 이듬해 6월 가서한哥舒翰이 이끈 방위군이 반군에 대패하여 동관이 함락되고 이어서 수도 장안도 무너졌다. 이에 현종은 서쪽 땅 파촉巴蜀으로 피난했다. 피난 도중 양국충은 군인들에게 살해되고 양귀비도 죽임을 당했다. 현종은 곧 퇴위하고 황태자 이형李亨이 즉위하여 숙종肅宗(재위 756~762)이 되었다.

안록산도 실명과 등창으로 건강이 악화된 데다 광포해져 757년 1월 아들 안경서安慶緖와 공모한 측근 이저아李猪兒에게 살해되었다. 안록산이 죽은 뒤 안경서가 황제로 즉위했으나 정작 실권은 이저아에게 있었다.

반란군이 내분에 빠져 있는 사이 숙종은 각 지역에 절도사를 설치하고 의병을 모집토록 했다. 병권을 위임받은 곽자의는 서북 지방의 군대와 위구르回紇 원군의 도움으로 장안과 낙양을 탈환했다.

반란군 내에서는 일시 당 조정에 항복한 사사명史思明이 758년 다시 반기를 들고 스스로 제위에 오른 뒤 안경서를 죽이고 낙양을 점령했다. 그러나 사사명도 761년 2월 그의 아들 사조의史朝義에게 살해되었으며, 사조의 또한 763년 1월 위구르 군대에게 패배하여 자살함으로써 8년간의 대전란이 종결되었다.

755년 11월부터 763년 1월까지 8년에 걸친 대전란은 당나라에 심각한 타격을 입혔다.

첫째로 당나라의 정치와 문화의 중심지였던 화북 지방을 황폐화시켰고 인구를 격감시켰다. 몇몇 충성스러운 장군들이 부하 병사와 백성들을 잡아먹으면서까지 성을 방어함으로써 회하 이남은 온전했지만 화북 지방은 인구가 1/10로 격감한 지역이 많을 정도로 철저하게 폐허로 변했다.

둘째로 반란군이 진압된 뒤에도 절도사가 계속 병권과 행정권을 장악하고 중앙정부의 명령에 따르지 않게 됨으로써 중앙집권적 지배 체제가 무너지고 군사적 지방분권 체제가 형성되었다. 더구나 화북 지방에 근거지를 둔 이민족 무장 출신 절도사들은 세습적으로 지배권을 유지했다. 위박魏博절도사 전승사田承嗣는 5대에 걸쳐 5개 내지 8개 주를 장악했고, 성덕成德절도사 이보신李寶臣은 3대에 걸쳐 5개 내지 8개 주를, 그리고 노룡盧龍절도사 이회선李懷仙은 3대에 걸쳐 8개 주를 장악했다.

셋째로 인구가 감소하고 일부 지방에 대한 지배권 상실로 재정이 결핍된 데다 절도사 세력과의 대결을 위한 군비가 막대했다. 당나라는 필수품인 소금에 전매세를 부과하여 부족한 재정을 보충하고자 했으나, 이로 인한 민들의 고통은 이루 헤아릴 수 없었다.

6) 황소의 난[여섯 번째 대동란]

안록산의 난은 의병과 외국 용병들에 의해 진압되었지만, 이민족 용병대장들이 각 지방을 반 독립적으로 지배하면서 당 정부에 저항하고 있었기 때문에 준전시 상태가 계속되었다. 그러던 중 873년 소금 밀매상 왕선지王仙芝와 황소黃巢의 반란이 일어나 중국 천하는 다시 대동란의 소용돌이에 휘말렸다. 이것이 중국 역사상 여섯 번째의 대동란이다. 이 난은 883년경에 진압되었으나 이후 극단적인 난세가 1백여 년간이나 이어졌다.

왕선지와 황소가 반란을 일으킨 당 후기에도 역시 왕조 말기적인 사회 모순이 극대화되어 있었음은 말할 필요가 없다. 빈부 격차가 극심한 가운데 부자들은 관직을 사서 세금을 면제받았다. 이에 반하여 빈농들은 지주와 국가의 이중 수탈 구조 아래 생존마저 어려워졌으므로 생활 근거지를 떠나 정처없는 유랑민이 되었다.

민들을 고통 속에 몰아넣는 부담은 또 있었으니 그것은 바로 소금 전매세였다. 안사란 이후 인구가 감소하고 번진藩鎭절도사의 별칭들이 반 자립적으로 각 지방을 지배했기 때문에 정부의 세입이 크게 줄었다. 하지만 번진과의 대결을 위해서는 군비가 많이 필요했으므로 재정 상태는 최악이었다. 당 정부는 부족한 재정을 확충하기 위해 소금 전매제를 시행했다. 전매세는 한 말에 10전錢이던 소금 값에 처음에는 1백 전, 뒤에는 2백 전이 더 부과되었으며, 이로써 소금 한 말 값이 최고 360전일 때도 있었다. 이렇게 걷어들인 전매세는 6백만 관貫에 이르러 부족한 국가 재정을 보충하는 데는 큰 도움이 되었다. 그러나 그 폐해는 형언할 수 없을 정도로 컸다.

민들은 고가의 소금을 구입할 수 없었으므로 소금을 섭취하지 못하여 질병에 걸리는 경우가 많았다. 이렇게 되자 법망을 피해 사염私鹽을 제조 매매하는 소금 밀매가 성행했다. 정부는 사사로이 소금을 굽거나 파는 사람에 대해서는 사형에 처하는 등 엄격한 방법으로 통제했다. 그러자 소금 밀매상들은 비밀리에 조직을 결성하여 은밀하게 사염을 유통시키는 한편 반란의 기회를 엿보게 되었다.

이 시기에도 매년 흉년으로 유민이 늘어 사회 불안이 가중되고 있었다. 이러한 사회 혼란은 호족들과 부유한 상인층까지 당 정부에 등을 돌리게 했다. 대반란은 피할 수 없는 형세가 되었다.

왕선지에 앞서 859년 절강 지방의 농민인 구보裘甫가 봉기

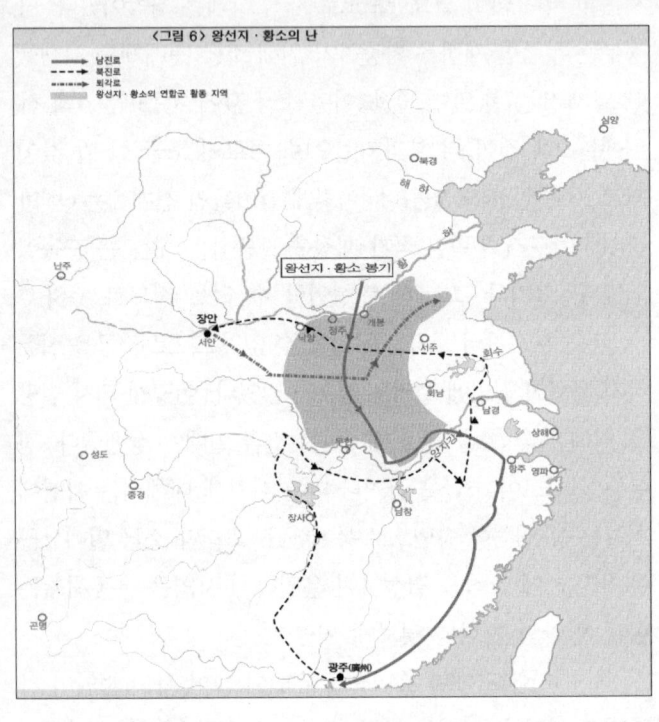

〈그림 6〉 왕선지·황소의 난

- 남진로
- 북진로
- 퇴각로
- 왕선지·황소의 연합군 활동 지역

했다. 구보의 반란군은 곧 진압되었지만 이어서 서주徐州의 군인 방훈龐勛이 봉기하여 한때 무리가 20여 만에 이른 적도 있었다. 이는 대동란의 서막과도 같은 것이었다.

반란과 진압이라는 악순환이 반복되는 동안에도 사회 모순은 확대되어 갔고 또 해마다 흉년이 들었다. 873년에는 화북평원 전체가 가을추수를 할 수 없을 정도로 큰 가뭄이 들어 식인 사태에 이르니 불안감은 사회 전체로 확산되었다.

다음해 소금 밀매상 왕선지가 하남성에서 봉기하여 스스로 '천보평균대장군 겸 해내제호도통天補平均大將軍兼海內諸豪都統' 이라고 칭했다. 이 칭호에서 '평균'은 반란군이 표방한 구호 가운데 최초로 평균주의가 천명된 것이라는 점에서 역사가들의 주목을 받는다. 그는 관리들의 탐욕과 과중한 세금, 그리고 상벌의 불공정한 점 등에 대해서 통렬히 비난했다.

875년 왕선지의 봉기에 호응하여 이웃 지역에 살던 소금 밀매상 황소도 봉기했다. 황소는 어려서부터 무예가 뛰어났고, 학문과 서예에 능하여 과거에도 여러 번 응시했으나 그때마다 번번이 낙방했다. 그는 과거시험의 부정에 환멸을 느끼고 관료 사회의 부패에 대해 분개했다. 결국 관료가 되는 것을 포기한 그는 소금 밀매상이 되어 많은 재물을 모았다. 풍족한 그였지만 당 조정과 관료들에 대한 적개심은 여전히 컸다.

반란이 확대된 뒤 왕선지는 당 조정의 꾐에 넘어가 관직을 받으려다 오히려 피살되고 말았다. 황소는 왕선지의 군대까지 흡수하여 거대 세력을 형성하고 각지를 횡행하며 당군을 공략했다. 그는 먼저 강남 일대를 공략한 뒤 광주까지 남하했다가, 880년 양자강과 회수를 건너 낙양을 점령하고, 881년에는 수도 장안을 공략했다. 당 황제와 조정이 사천 지방으로 피신하자 황소는 장안으로 들어가 황제에 즉위하고 국호를 대제大齊, 연호를 전통全統이라 정했다.

그러나 황소는 곧 위기를 맞았다. 본래 식량이 넉넉지 않은 장안에 황소의 대군이 입성하자 곧 식량이 고갈되었다. 그러나 조세는 전혀 들어오지 않았고 큰 기근까지 겹쳐 병사들의 사기가 저하되기 시작했다. 이 때의 사정에 대해서는 '난세의 극단, 식인의 시절'에서 상세히 살펴보게 될 것이다.

황소군이 허점을 보이자 그 동안 방관하고 있던 번진 세력과 이민족 용병들이 공격하므로 황소군은 점점 약화되어 갔다. 게다가 부하 장수 주온朱溫이 당군에 항복하여 전충全忠이라는 이름을 받고 거꾸로 공격해 왔다. 황소는 마침내 장안을 버리고 중원으로 후퇴했다가(883), 다음해 산동 지방의 태산 근처에서 자살했다. 이로써 10년 동안의 대반란은 일단 종결되었다.

10년 대동란이 전중국을 휩쓸면서 국토는 완전히 황폐화되었고 생산은 정지되었다. 때문에 기근이 일상화되어 엄청나게 많은 사람들이 굶어죽거나 병들어 죽어갔다. 식인은 물론이고 인육을 매매하는 사태가 도처에서 벌어졌다. 이 시기에 자행된 식인 행위는 중국 역사에서도 보기 드문 참혹한 것이었다. 당연한 일이지만 인구도 격감했을 것이다. 정확한 인구 통계가 전해지지 않기에 인구 유실의 정도를 짐작하기는 어려우나 앞 시대의 대동란과 마찬가지로 인구의 2/3 정도가 사라졌다고 보는 편이 옳을 것이다.

대동란을 거치면서 당나라의 통치 체제도 완전히 무너져 황제와 조정은 명목만을 유지했다. 그런가 하면 각 지역에서는 반란을 진압하는 과정에서 세력을 얻은 무장들이 독립적으로 지배권을 행사하면서 서로 치열한 공방전을 펼쳤다. 그들 가운데 대표적인 사람이 이극용과 주전충이다.

당나라 관료들은 환관들을 제거하기 위해 무장 군벌인 주전충을 불러들였다. 그러나 그는 환관뿐만 아니라 황제와 관료 귀족 모두를 죽이고 스스로 황제로 즉위하여 후량後梁이라는 나라를 세웠다. 이 후량도 이극용의 아들 이존욱李存勖에게 멸망했는데, 이후로도 세 개의 왕조가 더 교체되었다. 이같이 불안한 정국은 조광윤이 송나라를 건국(960)하고 나서도 한참이 지나서야 겨우 진정되었다.

7) 백련교도의 난[일곱 번째 대동란]

원나라가 중국을 지배하고 나서 70여 년이 지난 1351년부터 다시 대규모의 농민 반란이 시작되었다. 중국 역사상 일곱

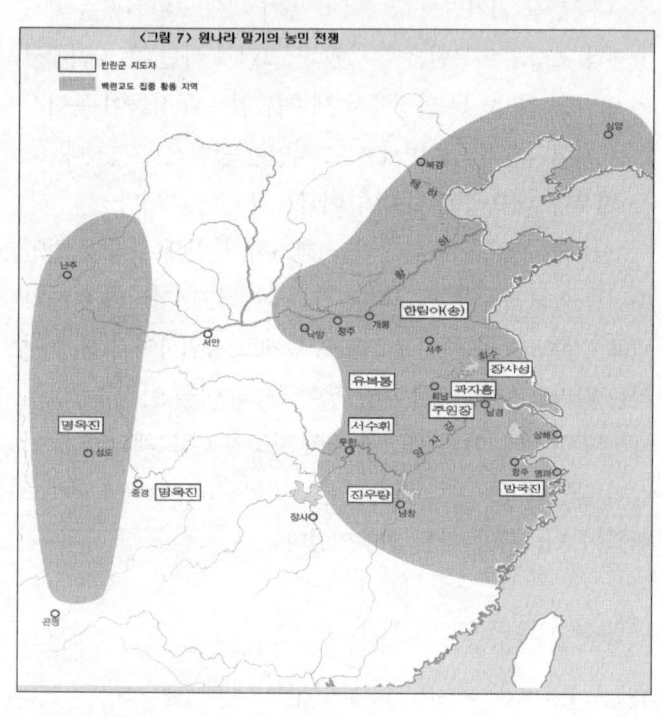

〈그림 7〉 원나라 말기의 농민 전쟁

- 반란군 지도자
- 백련교도 집중 활동 지역

번째인 이 대동란은 이 때 시작되어 명나라가 원나라를 막북

[사막 북쪽 지역]으로 몰아낸 뒤 여러 지역의 할거 세력을 완전히

진압하는 1380년에야 끝난다.

원나라는 1279년부터 중국 전역을 지배했다. 중국인들

은 그 지배 아래에서 민족적 차별 대우와 그들의 가렴주구

에 시달렸다. 원나라는 몽고인·색목인·한인·남인으로 구

분하여 몽고인과 색목인을 우대하고 한인과 남인을 차별했

다. 특히 옛 남송 영역 내의 백성인 남인은 더욱 불리한 대우

를 받았다.

몽고족 황실과 관리 귀족들은 호화스러운 사치 생활을

누리면서 한인과 남인을 대상으로 수탈을 일삼았다. 게다가

몽고 귀족과 색목인 출신 부패 관료, 그리고 원나라에 협조하

는 소수 중국인 지주들만이 광대한 토지를 점유했다. 대부분

의 농민들은 토지도 소유하지 못한 채 가혹한 수탈까지 당해

생계를 꾸리기조차 어려웠다.

원나라 최후의 황제인 순제順帝(재위 1333~1368) 시대에는 지

폐를 남발하여 심각한 인플레이션까지 일어났다. 평소 쌀값

은 1석에 2·3냥이었는데 이 시기에는 5백 냥으로 한 말[斗]도

구할 수 없었다. 소금과 차 등 생활필수품 가격도 모두 폭등

하여 지폐는 휴지 조각이 되었고 경제는 완전히 혼란에 빠졌

다. 더구나 정치의 부패도 극에 달하여 소수의 몇몇 권력자들

이 정권을 농단했다.

부패와 인플레이션으로 농민들이 신음하고 있을 때, 언

제나 그렇듯이 매년 자연 재해로 대기근이 들고, 역병이 중국 전지역에서 창궐했다. 백성들은 고향을 떠나 정처없이 유랑했으며 "사람들이 서로 잡아먹었다"는 소문이 떠돌았다. 이런 상황이 되자 각지에서 농민 반란이 일어났고, 그것은 곧 대동란으로 발전했다.

원 말기의 대동란은 종교 비밀 단체가 주도하여 각지의 반란 세력들을 결집시켰다는 데 특징이 있다. 이 때의 종교 비밀 결사는 백련교로 남송 때의 승려인 모자원茅子元이 결성한 종교 결사에서 비롯되었다고 한다. 초기에 이들은 아미타정토阿彌陀淨土 신앙을 중심으로 살생과 술과 고기를 금하고 염불과 청정한 생활을 강조하는 순수한 종교 단체의 성격을 띠고 있었다.

그러나 점차 백련교에 현세 부정의 미륵신앙이 가미되어 백련교도들은 '미륵불이 세상에 내려온다' 또는 "명왕明王이 출현한다'는 교리를 믿어 어두운 현세가 극복되고 밝은 극락 정토가 구현된다는 신념을 가지게 되었다.

이런 신념 체계로 무장된 백련교도들은 "천하에 큰 난리가 일어나면 미륵불彌勒佛이 세상에 내려와 중생을 구제한다"는 미륵신앙에 따라 교리를 선전하면서 농민들을 조직했다. 신념으로 뭉친 종교 집단은 당연히 왕조를 위협하는 세력으로 발전하게 마련이므로 탄압 대상이 되었다.

1351년 황하가 범람하여 황하 유역의 농민들이 큰 피해를 입었다. 농민들의 유랑을 방치할 수 없었던 원 조정은 이 일대의 농민 15만 명, 병사 2만 명을 동원하여 황하의 제방을 보수하도록 했다. 당시 백련교를 이끌던 한산동韓山童은 이 기회를 이용하여 원나라 타도를 목적으로 한 반란을 일으키고자 했다. 그는 교도들과 모의하여 공사가 예정되어 있는 황하 물길에 석상을 묻은 뒤 "눈이 하나뿐인 석인石人이 나타나 황하를 요동시키고 나라 안에는 반란이 일어날 것이다"라는 내용의 민요를 유포시켰다.

공사가 시작되자 그의 뜻대로 인부들에 의해 석상이 발견되어 민요를 사실로 만들었다. 그러자 화북 지방의 민심이 더욱 흉흉해졌다. 그러나 계획이 사전에 누설되어 그는 관헌에게 체포된 뒤 처형되었다. 그의 처 양씨는 아들 한림아韓林兒를 데리고 하남 지방으로 도피했다.

한산동과는 별도로 안휘 방면에서 활동하던 한산동의 문인 유복통劉福通·두준도杜遵道 등은 "한산동은 송 휘종의 8대 손이므로 중국의 황제가 되어야 한다"고 선전하며 봉기를 준비하고 있었다. 그러나 한산동이 처형되자 준비가 불충분한 채로 반란을 일으켰다. 그들은 붉은 띠를 머리에 둘러 동지임을 표시했으므로 홍건군紅巾軍 또는 홍군이라 불렀다.

홍건군이 봉기하자 이에 호응하여 원나라 타도를 외치는 반란이 도처에서 꼬리를 물었다. 1351년 8월 양자강 유역에서 행상을 하던 서수휘徐壽輝가 홍건군의 기치를 들고 봉기했고, 같은 때 황하 유역에서도 백련교도 이이李二 등이 봉기했다. 서수휘가 거느린 홍건군은 점차 세력이 커져 독자적인 길을 걸으면서 서수휘를 황제로 추대하고 국호를 천완국天完國이라 했다. 다음해에는 회하 유역에서 곽자흥郭子興이 홍건군의 기치를 들고 봉기했다. 곽자흥은 뒷날 명 태조가 되는 주원장朱元璋이 모시던 수령이다.

홍건군과는 별도로 양자강 하류에서 장사성張士誠이 봉기했고, 홍건군보다 먼저 절강성에서 봉기했던 방국진方國珍도 세력을 확대해 나갔다. 이리하여 유복통이 봉기한 뒤 2·3년 사이에 황하에서 양자강에 이르는 광대한 지역이 원나라 타도를 외치는 반란군들에 의해 점령되었다.

안휘·하남 방면에서 활동하고 있던 유복통은 1355년 2월 한산동의 아들 한림아를 맞아들여 황제로 옹립한 뒤 소명왕小明王이라 불렀다. 그들은 한산동을 송나라 황손이라고 선전한 터라 국호를 대송大宋이라 정하고 관료 기구를 설치하여 국가 체제를 갖추었다.

국가 체제 확립으로 세력이 확대된 대송국은 1357년 군대를 3개 방면군으로 편성하여 원나라 수도인 대도大都지금의 북경를 향해 북벌을 개시했다. 본거지에 남아 있던 유복통도 다음해 5월 개봉을 점령하여 대송국의 수도로 정했다. 북벌군은 대단한 기세로 대도에 육박했다. 그들 가운데 일부는 고려를 침공하기도 했다. 그러나 홍건군은 체계가 없었고, 지나는 곳마다 약탈과 파괴를 일삼는 유구流寇의 성격을 버리지 못했다.

도적 집단의 굴레를 벗어버리지 못한 오합지졸의 홍건군은 지지 기반인 농민들의 신뢰를 상실했다. 결국 원군에 의해 속속 진압되었고 북벌도 실패로 끝났으며, 대송국의 수도 개봉도 원군에 함락되었다. 유복통은 한림아와 함께 탈출했지만 대송국의 권위는 땅에 떨어졌다. 권위가 무너지자 각 지역에서 활약하던 무리들이 각자 독자의 길을 걸어 군웅 할거 시대로 돌입했다.

주원장은 원나라 수군의 본거지인 남경을 점령(1356)하여 기반을 확보했다. 이 사람이 바로 한 고조와 마찬가지로 빈천한 신분으로 통일 왕조의 황제가 된 명 태조다. 주원장은 안휘성 봉양현鳳陽縣에서 빈농의 자식으로 태어나 17세 때 양친과 형들을 역병으로 잃고 고아가 되었다. 그는 굶주림을 면하기 위해 부근에 있는 황각사皇覺寺에 들어가 승려가 되어 3년 남짓 걸식승 생활을 했다. 그는 황제가 된 뒤 글에 '생生' 자性과 僧은 발음이 같대나 '광光' 자光은 승려의 벗겨진 머리를 뜻한대를 쓴 사람을 보면 그의 전력을 조롱한 것으로 간주하여 처형해 버렸다. 이런 그의 행동 방식은 걸식승의 경험이 그의 마음에 큰 상처를 남겼다는 것, 그리고 성장기의 아픔이 그의 잔혹한 성격을 형성하는 원인이 됐음을 말해 준다.

주원장은 1352년 곽자흥의 홍건군에 가담했다. 병졸에 불과했던 주원장은 곧 두각을 나타내어 친위군이 되었고, 곽자흥의 양딸을 아내로 맞아들여 출세의 가도를 달렸다. 곽자흥이 병으로 죽자 주원장은 마침내 그 군대를 장악하여 중원의 강자로 등장했다. 1356년 그는 남경을 점령하여 근거지로 삼고 이어서 절강 지방의 원군을 격파했다. 3년 뒤에는 절강 지방의 광대한 지역을 모두 장악했다.

이 시점에서 주원장은 홍건군의 반란군적 입장을 버렸다. 지식인들을 포섭하여 유교주의에 입각한 중국적 지배자로 다시 태어나고 있었다. 이 때 주원장 군에 참여한 지식인은 당시 가장 명망이 높았던 이선장李善長·유기劉基·송렴宋濂 등이다. 이선장은 한 고조를 모범으로 삼도록 권했고, 송렴은 국가 제도를 기초했으며, 유기는 전략과 책략을 입안했다.

주원장이 절강 일대를 장악했지만 서쪽에는 진우량, 동쪽에는 장사성이 대세력을 형성하고 있어 그들을 극복하는 것이 급선무였다. 주원장은 먼저 진우량을 남경으로 유인하여 격파했다. 그리고 1364년 1월 오왕吳王으로 즉위했다.

1366년 주원장은 장사성 공격에 나서는 한편 홍건적과 완전히 결별하고 중국적 질서 회복의 기치를 선명히 했다. 마침 장사성도 홍건군과는 적대적인 입장에서 강남의 지주와 부호들을 결집하여 확보한 풍부한 경제력을 바탕으로 강한 세력을 구축하고 있었다. 그러나 대세의 흐름은 주원장 편이었다. 주원장 군은 다음해 소주를 함락시켜 장사성을 포로로 잡았다. 이어서 고립된 방국진이 항복해 왔으므로 강남 지방은 모두 평정되어 주원장의 수중에 들게 되었다.

1367년 10월 주원장은 서달徐達에게 명하여 대군을 이끌고 원나라 수도 대도를 공격하게 했다. 다음해 8월 대도가 함락되고 원 순제가 북쪽으로 도망감으로써 원나라의 중국 지배는 종식되었다. 북벌군이 진격하는 중에 주원장은 황제로 즉위하여 국호를 명明이라 하고 연호를 홍무洪武라 했다. 태조 주원장은 그의 재위 동안 연호를 바꾸지 않았으므로 이를 따라 홍무제라고 부른다. 이후 황제들은 재위 동안 하나의 연호만을 쓰는 것이 관례가 되어 연호에 따라 만력제·강희제·건륭제 따위로 부르게 되었다.

북벌과 동시에 남정군도 파견하여 복건과 양광 지역까지 아울렀다.(1368) 1370년에는 사천이, 1382년에는 운남이 평정되어 마침내 중국 통일이 완성되었다. 1351년 유복통의 봉기로 시작된 대동란이 30년 만에 끝난 셈이다.

중국 역사상 일곱 번째인 이번 대동란도 30년 이상 계속되면서 참혹한 파괴를 동반했음은 말할 필요가 없다. 명 초기에는 대대적인 유민 유치 정책과 토지 분배 정책을 추진했다. 이는 황무지를 개간하여 생산력을 회복해야만 한다는 현실적인 요구 때문이었다.

8) 이자성의 난[여덟 번째 대동란]

명나라 중기 이후부터는 환관의 전횡에 의한 정치의 난맥상, 외적 침략, 빈부 격차, 자연 재해로 인한 기근, 반복되는 반란 등 총체적인 난국의 길로 들어섰다. 16세기 중반 이후 장거정張居正의 개혁 등에 힘입어 잠시 평화 시대를 맞았으나

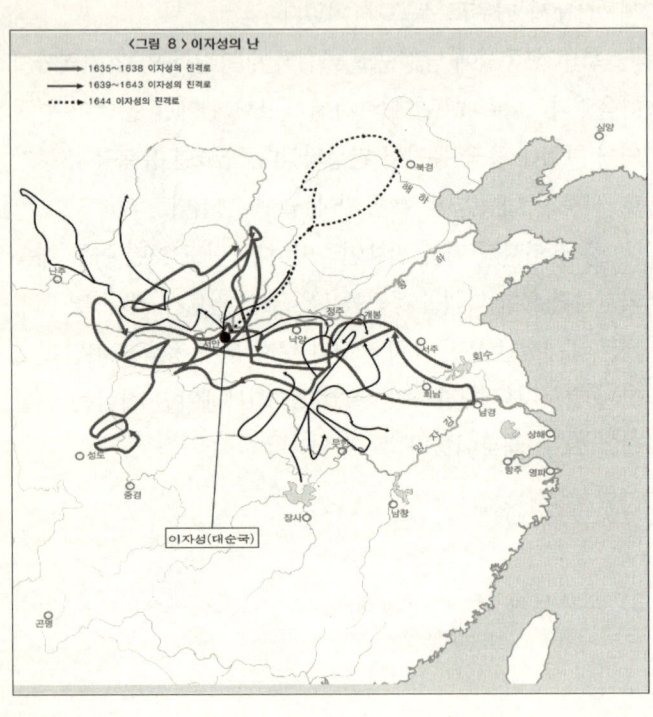

〈그림 8〉이자성의 난

→ 1635~1638 이자성의 진격로
→ 1639~1643 이자성의 진격로
‥‥► 1644 이자성의 진격로

이자성(대순국)

오래지 않아 다시 농민 반란이 격렬해졌고, 반란은 마침내 대동란으로 이어졌다. 이 대동란의 주역들도 원 말기 대동란 때와 마찬가지로 백련교도들이었다.

1595년경의 백련교는 교파가 16지파로 나뉠 만큼 세력이 커져 있었다. 백련교도들은 이를 바탕으로 봉기를 시도했으나 사전에 계획이 탄로되어 무산되었다가 1622년 서홍유徐鴻儒 등이 다시 봉기하여 한때 여러 현을 함락하는 등 기세를 올렸다. 그러나 3년 만에 그들도 진압되었다.

1627년 섬서 지방에 대기근이 들자 왕이王二 등이 굶주린 사람들을 이끌고 봉기했다. 마침 도처에 홍수와 가뭄으로 대기근이 들었으므로 봉기는 순식간에 섬서성 전지역으로 확산되었다. 반란군들은 동쪽으로 진격하여 안휘성을 공략하고 장강 이북의 광대한 지역을 휩쓸었다. 봉기군이 진격하는 지역에서는 농민들이 다투어 호응했다. 그러나 명 조정도 반란군을 진압하기 위해 전력을 다했기 때문에 반란군은 세력을 크게 떨치지 못했다.

1639년부터 2년 연속 중원 일대는 심각한 가뭄과 메뚜기 떼의 피해에 떨고 있었다. 재해로 거의 수확이 없었던 터에 정부의 세금과 지주들의 수탈은 오히려 심해져서 굶주린 백성들이 대거 반란군에 가담했으므로 잠잠했던 반란군은 다시 그 세력을 확산시킬 수 있었다. 이 때 반란군 지도자로 떠오른 사람이 이자성李自成이었다. 그는 농민 출신으로 지주들에 대한 저항 의식이 강했고, 명나라를 전복하여 제왕의

업을 이루려는 포부도 갖고 있었다.

이자성은 평소 생활이 소박했고 겸손하고 온화했으며 다른 사람의 건의를 잘 받아들여 민중과 사졸들의 신망이 두터웠다. 귀천 없는 토지 분배·조세 면제의 구호를 내걸었기에 호응은 더욱 컸다. 이자성 군은 하남성과 섬서성 전지역을 점령한 뒤 1644년 정월, 나라를 세워 서안을 수도로, 국호를 대순大順이라 했다. 이자성 군은 그 해 북경으로 돌진하여 3월에 이를 점령했다. 마지막 명 황제 숭정제는 목을 매어 죽었다.

북경을 점령한 이자성은 국가 체제를 정비하고자 분투했지만 일관된 통치 체제를 갖추지는 못했다. 때마침 만주에서 새로이 흥기한 만주족이 청淸을 건국하고 호시탐탐 중원 진출을 노리고 있었다. 산해관에서 청나라를 방어하던 명나라 장수 오삼계는 이자성이 북경을 점령하자 청나라에 항복하고 그 군대와 연합하여 이자성 군을 공격했다. 청군과 오삼계 군의 공격으로 대패한 이자성 군은 북경을 버리고 섬서로 철수했고 청나라는 북경으로 수도를 옮겨 중국의 지배자가 되었다.

청 정부는 지주들을 회유하여 농민군 진압에 동참시켰다. 1645년 이자성이 패하여 죽고, 다음해 사천의 장헌충도 패하여 죽음으로써 여덟 번째 대동란도 막을 내렸다.

대동란의 막은 내렸지만 전란의 뒤풀이는 아직 남아 있었다. 지주들 대부분은 자신들을 위협하던 농민군 진압을 위해 청 정권에 협조했지만, 일부는 강남에서 명나라 왕족을 받들고 정부를 수립하여 청나라에 항전했다. 또한 농민군의 잔여 세력도 청나라에 저항했다. 특별한 구심점이 없었던 이들 여러 항전 세력들은 연합 전선을 구축하지 못한 채 차례로 진압당하여 1650년경이 되어서는 현저히 약화되었다. 약화되었다고는 하지만 농민군이 완전히 진압된 것은 15년여가 지난 1664년에 이르러서다. 1620년부터 시작된 대동란과 그 여진이 이때에 와서야 종결된 셈이지만, 그 이후에도 '삼번三藩의 난'과 청나라의 대만 정복 등 전란은 계속되었다.

여덟 번째 대동란 때에도 이전의 대동란 때와 마찬가지로 대살육이 자행되었다. 특히 이자성 군이 개봉을 포위하여 3차례의 공성전을 벌였을 때 극심했다. 성 안에서 농성하던 사람들은 굶주림으로 마침내 사람을 잡아먹는 참혹한 사태가 벌어졌다. 이에 대해서는 당시 농성에 참여했던 사람들의 기록이 남아 있어 실제 상황을 알 수 있는데, 자세한 것은 '난세의 극단, 식인의 시절' 편으로 미룬다.

이 대동란은 만주족의 침략 전쟁과 겹쳐 전개되면서 참혹함이 더했다. 이에 대해서도 뒷 절의 '만주족의 침략 전쟁'편을 참고하기 바란다.

9) 태평천국太平天國의 난[아홉 번째 대동란]

1851년 1월 홍수전洪秀全이 배상제회를 조직하고 봉기하

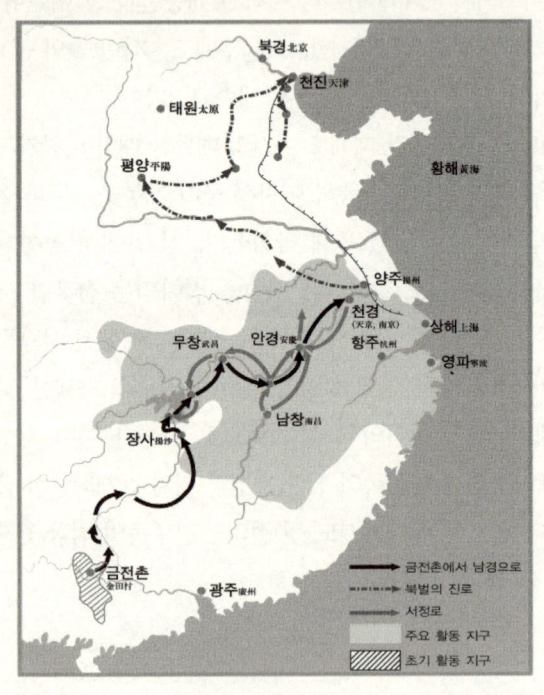

지도 범례:
- 금전촌에서 남경으로
- 북벌의 진로
- 서정로
- 주요 활동 지구
- 초기 활동 지구

지도 내 지명: 북경北京, 천진天津, 태원太原, 평양平陽, 황해黃海, 양주楊州, 천경(天京, 南京), 상해上海, 항주杭州, 영파寧波, 무창武昌, 안경安慶, 남창南昌, 장사長沙, 금전촌金田村, 광주廣州

[그림 11] 태평천국의 난

여 태평천국을 세웠다. 본래 태평천국은 남부의 광주 부근에서 수립되었지만 북상하여 남경에 수도를 두고 양자강 유역을 무대로 활동했다. 때문에 1864년 난이 진압될 때까지 14년 동안 태평천국 군과 의용군이 공방전을 벌인 양자강 유역은 폐허로 변했고 그에 따른 인명 살상도 엄청났다. 이것이 중국 역사상 아홉 번째 대동란이다.

홍수전은 1843년 기독교 선전 소책자 『권세양언勸世揚言』에 해설을 붙이고 천명을 받았다면서 배상제회를 창립한 뒤 공자의 위패를 철거했다. 그는 풍운산馮雲山과 더불어 교리를 선전하고 태평군 조직에 착수(1844)했는데, 3년 만에 3천여 명이 이 조직에 참여했다. 홍수전은 지주를 요귀, 청 황제를 요귀의 화신이라고 부르면서 섬멸할 것을 주장했다. 또 간음·살인·탐욕·도박·흡연·음주를 금하는 10개 종교 규약을 정하여 도덕 생활과 조직 규율을 요구했다.(1847)

1850년 천지회 등의 봉기가 빈발하자 광서성의 상황이 동요하면서 배상제회로 합류하여 오는 사람들이 증가했다. 이에 힘입어 1851년 1월 11일 홍수전은 금전촌에서 태평천국 건국을 선포하고 청나라 타도를 외쳤다. 이 때 참가한 인원은 1만여 명에 달했다. 청나라는 대군을 편성해서 진압에 나섰으나 부패한 군대는 효과적으로 대처하지 못했다. 반면에 태평군은 빈농들이 대거 참여함으로써 세력이 급속히 확대되어 갔다. 1853년 3월 태평군은 마침내 남경을 점령하고 수도로 정했다.

이어서 태평군은 북벌군을 일으켜 북경을 공격했다. 2년 동안이나 지속된 북벌전은 이 전쟁에 참여했던 대부분의 태평군이 희생되는 것으로 끝을 맺었다. 그러나 북벌군의 공격으로 청나라 주력 부대가 북방에 묶여 있는 사이 태평군은 남방에서 승리하여 양자강 연안의 주요 도시들을 통제 아래 둘 수 있었다.

남방에서 태평군과 대치한 부대는 증국번 등이 조직한 의용군이었다. 태평군과 의용군은 치열한 전투를 벌이면서 일진일퇴를 거듭했고, 전쟁터가 되어버린 양자강 일대는 참혹한 아수라장이 되었다.

태평천국 난의 전개에 중요한 변수로 작용한 것은 영국 등 제국주의 세력들이었다. 이들 국가들은 이해 관계에 따라 청나라와 태평천국을 놓고 저울질하고 있었다. 그러던 터에 제2차 아편전쟁의 결과로 북경조약이 체결되었다.(1856) 청나라로부터 막대한 이익을 약속받은 제국주의 세력들은 청나라를 지원하여 태평천국 군을 공격하는 쪽으로 기울었다.

의용군과 제국주의 연합 세력의 공세로 말미암아 태평천국 군은 마침내 궤멸되었다. 연합군의 포위 속에 홍수전마저 사망(1864)하자 7월 19일 남경이 함락되었고, 이것으로 14년 동안의 대동란은 막을 내렸다.

태평천국 난의 주전장터인 양자강 유역은 참혹한 피해를 입었다. 이에 대해서는 아래의 '대동란에 의한 인구 소멸과 파괴'에서 상세히 설명할 것이기 때문에 여기서는 생략한다.

2.
대동란에 의한
인구 소멸과 파괴

　진시황제의 6국 통일 전쟁, 아홉 번의 대동란, 다섯 오랑
캐의 분탕질, 네 개 정복 왕조의 침략 전쟁, 그밖에 수많은
내란과 이민족의 침략 전쟁이 벌어진 시대는 모두 참혹한 죽
음의 세계였다. 더구나 대전란의 시대에는 예외없이 가뭄·
홍수·메뚜기 떼와 같은 자연 재해가 기승을 부려 재난을 가
중시켰다. 때문에 대전란에 의한 인구 소멸은 현대인들로서
는 상상할 수 없을 만큼 엄청났던 것 같다.

　특히 왕조 교체기의 대동란이 가장 처절한 재난이었다.

　재난은 농민 봉기로부터 시작된다. 일단 한 지역에서 일
어난 봉기는 불씨가 되어 전국으로 확대된다. 이 때를 기회로
노리고 있던 호족들이 가세하면서 불길은 걷잡을 수 없이 타
오른다. 생존을 위한 농민 봉기가 체제 전복을 위한 전쟁으로
발전하는 것이다. 게다가 농민군들은 달리 생계 수단을 찾을
수 없기 때문에 약탈을 자행하게 마련이다. 이렇게 되면 농민

들도 약탈을 피하기 위해 고향을 등질 수밖에 없고, 그 결과 농지는 황무지로 버려지고 생산 활동이 정지되는 것이다. 이런 상황이 되면 기존 왕권은 유명무실하게 된다. 마침내 반란군 수령들은 새로 성립될 통일 왕조의 황제 자리를 두고 치열한 패권 다툼을 벌이게 되고, 이 소용돌이 속에서 생산 기반은 철저하게 파괴된다.

대전란이 끝난 뒤의 상황에 대해 역사서에는 "천 리를 가도 인적을 찾을 수 없다"거나 "열에 하나도 살아남지 못했다", 또는 "백에 하나도 살아남지 못했다"고 한 기사가 부지기수로 보이며, 심지어는 "만에 하나도 살아남지 못했다"고 한 기사도 있다. 그런가 하면 "중원 대지 전체가 텅 비어 사람이 살지 않고 잡초만 무성했다"는 기사도 있다. 이런 표현들은 대전란이 끝난 뒤의 상황을 기록한 기사에서 거의 예외없이 보이기 때문에 새삼스러울 것도 없지만, 과연 그대로 믿어도 좋은 것인지 자못 당혹스럽다.

우리를 좀더 당혹스럽게 하는 것은 대전란이 있기 전과 후의 인구 통계다. 예를 들면 녹림·적미적의 난두 번째 대동란이 발발하기 전인 기원 2년의 인구 통계는 5,959만이었으나 전란이 끝나고 20년이 지난 기원 57년의 그것은 2,100만 명으로 되어 있다. 이 인구 통계대로라면 대동란의 결과로 전체 인구의 64.7%가 사라진 셈이다.

또 수 말기의 대동란네 번째 대동란이 일어나기 전인 609년의 인구 통계는 4,601만이었으나 전란이 끝난 뒤인 639년에는

1,235만에 불과한 것으로 되어 있다. 이 때의 대동란도 통계 상으로 전체 인구의 2/3 이상을 소멸시킨 셈이다.

안록산의 난(다섯 번째 대동란)의 전후에도 유사한 인구 통계를 확인할 수 있다. 대동란이 일어난 해인 755년의 인구 통계는 5,291만이었는데 전란이 끝난 해인 764년의 인구 통계는 1,692만으로 역시 2/3 이상이 소멸된 것으로 나타난다.

과연 이런 통계가 실제를 어느 정도 반영하는가에 대해서는 많은 연구를 필요로 한다. 필자도 수말당초에 있었던 대동란(네 번째 대동란) 전후의 인구 통계에 관한 연구 논문을 발표한 바 있다. 필자가 연구한 바를 간단히 소개하면 이렇다.

수나라는 인두세를 징수하고 요역을 징발하기 위해 호구를 철저히 파악하여 모든 민을 호적에 올렸다. 수나라는 이 정책을 철저하게 시행하여 단시일 안에 엄청난 국부와 인력을 확보할 수 있었다. 그러므로 수 양제 때인 609년의 인구 통계 4,601만은 실제 인구수를 반영한 것으로 보아도 좋다.

그러나 당 태종 13년(639)의 인구 통계 1,235만은 곧바로 실제 인구수를 반영한 것으로 보기는 어렵다. 당시는 대전란을 겪은 직후여서 호적을 작성하여 인구를 조사할 수 있는 행정 체제를 갖추지 못했기 때문이다. 또 전란을 겪은 민들이 대부분 피폐해서 모든 민을 호적에 올려 세금을 징수할 수는 없었으므로 우선 세금을 낼 수 있는 사람만을 호적에 등재시켰을 것으로 보인다.

그렇지만 여러 가지 보조 자료를 대입해 보면 639년의 인구는 아무리 많게 잡아도 609년 인구의 1/2을 넘을 수는 없을 것으로 생각된다. 따라서 대동란을 거치면서 사라진 사람들은 공식적인 통계 수치처럼 609년 인구의 2/3에 해당하는 3,466만 명은 아닐지라도 1/2에 상당하는 2,300만 명에 달한다는 것을 인정하지 않으면 안된다.[『중국토지경제사연구』(고려대학교 출판부, 1998), 261~291쪽]

당나라 이후에 발생한 대동란이나 유목 민족들의 침략 전쟁에 의한 인구 소멸도 대개 이와 비슷했을 것으로 생각된다. 그렇다면 이런 참혹한 결과를 가져온 실제 상황은 어떠했을까? 지면 관계상 여기서 모든 전란의 파괴 상황을 다 소개할 여유는 없다. 그 가운데 필자가 연구한 바 있는 수말당초의 대동란과 확실한 사료가 있고 실증적인 연구가 충분히 이루어져 있는 태평천국 난에 의한 파괴에 대해서 소개함으로써 대동란에 의한 인구 유실과 파괴의 실상에 접근해 보고자 한다.

우선 수말당초의 대전란에 의한 파괴와 인구 소멸에 대해서 살펴보기로 하자.

대동란은 대개 가만히 앉아 있다가는 굶어죽거나 얼어죽게 될 처지의 민중들이 봉기하면서 시작되는 것이 일반적이다. 굶주린 민중들은 특별히 생계를 꾸릴 방법이 없어 관리나 지주 또는 일반 서민을 가리지 않고 무차별적으로 약탈하는 군도群盜의 성격을 띨 수밖에 없다. 특히 지배층에 대해서는 단순한 약탈에 그치지 않고 무차별한 살육으로 이어졌다.

역사서에 따르면 "수나라 관리 및 산동 사족과 그 자제가 모두 살해되었다" 고 한다. 또 "군도들은 북을 두드리며 행진하면서 닥치는 대로 파괴했지만 항거하는 사람이 없었다. 마침내 617년경에는 모든 장원이 궤멸되었다" 는 기사도 보인다.

이 당시 가장 악명 높았던 주찬朱粲은 거느린 무리가 20만에 이르렀다. 이 무리는 회하 유역 일대를 떠돌면서 이르는 곳마다 살육을 자행하여 살아남은 사람이 없을 정도였다고 한다. 『구당서』에는 그의 악행이 이렇게 기록되어 있다.

주·현의 성을 점령하면 저장된 곡식을 모두 거두어 식량에 충당하고, 물러갈 때면 나머지는 모두 불태우고 성곽을 허물어 버렸다. 농사를 짓지 않고 약탈을 업으로 삼았으므로 백성들은 대부분 굶어죽어 시체가 쌓였고 사람들은 서로 잡아먹었다. 군중에 양식이 떨어지고 노략할 곳도 없게 되자 마침내 어린아이를 삶아서 군사들에게 먹였으며, 여러 성시城市에 어린아이와 약한 사람을 세금으로 내게 하여 군량에 보탰다. 수나라의 저작좌랑 육종전陸從典과 통사사인 안민초顔愍楚는 좌천되어 남양南陽에 머물고 있다가 주찬의 참모로 기용되었으나, 군중에 식량이 떨어져 굶주리게 되자 그들의 가족도 모두 이 도적들의 먹이가 되었다. 그가 점령한 지역의 성에서는 세금으로 바쳐질 것이 두려워 모두 도망쳤다.[『구당서』 권56, 주찬전]

또 『자치통감』은 당시 악명 높았던 장금칭張金稱의 약탈과 살육에 대해 다음과 같이 기록하고 있다.

장금칭은 평은平恩성을 함락하고 하루아침에 남녀 1만여 명을 살해했다. 계속해서 무안·거록·청하 등 여러 현의 성을 함락했는데, 그는 다른 군도보다 더욱 잔혹하여 지나는 곳마다 한 사람도 살아남지 못했다.『자치통감』권183, 616년 3월조

이밖에도 군도들의 잔혹한 살육과 약탈에 관한 기사는 무수히 많지만 지면 관계상 모두 소개할 수 없는 것이 아쉽다.

도처에 약탈하는 군도들이 횡행하게 되자 외부에서 양식을 조달해야 하는 성시에서는 더 이상 사람들이 거주할 수 없게 되었다. 성시를 떠난 사람들은 대부분 생존을 위해 도리 없이 군도들을 따라갈 수밖에 없어 반란군의 세력은 더욱 급속히 확산되었다. 또한 향촌의 주민들도 약탈을 피해 농사를 포기하고 산으로 숨거나 군도가 되었다. 버려진 농토는 황무지가 되고 식량이 생산되지 않으니 사람들이 굶주리게 되는 것은 당연한 일이었다.

군도들에 의한 파괴·살육에 못지않게 수나라 군대에 의한 파괴와 살육도 잔혹했다. 613년 양현감의 반란을 진압한 뒤 그의 무리로서 살해된 사람이 3만여 명이었다. 또한 수군은 양현감의 반란에 호응하여 봉기한 유원진의 무리 3만여 명을 유인하여 묻어 죽였다고 한다. 이 때 수 양제는 조칙을 내려 군도가 된 사람들의 가족을 모두 몰수하여 노비로 삼도록 명령했다. 군도가 도처에 가득하니 이를 빌미로 군현의 관리들은 백성들에게 생사여탈권을 제멋대로 행사했다. 관

리들의 횡포는 군도들의 약탈보다 더 잔혹했다.

이 때 수 정부는 모든 백성들에게 성 안에 거주하도록 명령했다. 이른바 견벽청야堅壁淸野 전략이다. 백성들이 군도에 가담하는 것을 막고 군도들이 약탈할 식량을 남겨두지 않으려는 전략이었다. 이 작전은 효과를 발휘하여 약탈 대상을 찾지 못한 군도들은 굶주리다가 죽어갔다. 그러나 성 안에 갇혀버린 사람들도 굶주려 죽기는 마찬가지였다.

군도들의 잔혹한 약탈과 살육, 정부군의 견벽청야 전략과 관리들의 횡포로 백성들은 농사를 포기해야 했다. 대기근이 만연된 상황에서 수나라가 망하고 당나라가 성립했다.(618) 수나라가 망했다고 해서 사태가 해결된 것은 아니었다. 아니 본격적인 대전란은 이 때부터가 시작이었다. 당나라는 서쪽의 관중분지를 차지한 하나의 작은 세력에 불과했고, 중원 대지에는 십여 명의 군웅들이 각각 나라를 건립하여 강력한 세력을 구축하고서 치열한 패권 다툼을 벌이고 있었기 때문이다.

당나라는 이들 군웅들을 차례차례 격파해 나갔다. 7년 동안 격렬하게 전개된 패권 전쟁의 소용돌이 속에서 벌어진 파괴와 살육은 이루 헤아릴 수 없었다. 장정들은 닥치는 대로 군대로 징발되어 전투 중에 태반이 죽었다. 징발되지 않은 사람들은 군도들의 약탈을 피해 대부분 농사를 포기하고 유랑의 길로 떠났다. 그나마 일부 농민들이 위험을 무릅쓰고 지은 농사도 약탈당하기 십상이었기 때문에 농사를 포기해야만 했다.

그리하여 십수 년 동안 농경이 이루어지지 않은 중국 천지는 엄청난 대기근과 죽음의 재앙에 휘말리게 되었다.

611년부터 시작된 네 번째 대동란은 15년 만인 624년에 대단원의 막을 내렸다. 그러나 전란이 끝났다고 죽음의 그림자가 걷힌 것은 아니었다.

농민들이 수년 동안 농토를 떠나 유랑하고 있었기 때문에 농토는 대부분 황무지로 변했다. 지금 이 당시의 정확한 황무지 통계는 남아 있지 않기 때문에 편의상 구체적인 통계 수치를 확보할 수 있는 여덟 번째의 대동란(명말청초 이자성의 난 뒤)의 상황을 들어 유추해 보면 다음과 같다.

숭현嵩縣의 경우 전란 전에는 호적에 등재된 토지가 1만 2천 경이었는데 전란 직후인 1645년(청 순치 2년)에는 주인이 없는 황무지가 1만 887경이었다. 경지의 90% 이상이 주인이 없는 황무지로 변해 버린 것이다. 휘현輝縣의 경우는 8,716경 가운데에서 3,355경이, 기현淇縣의 경우는 5,016경 가운데에서 3,897경이 주인 없는 황무지로 변했다. 집중적으로 전란의 피해를 입은 지역은 직예성·산서성·섬서성·하남성 등이었는데 중원 전체로는 주인 없는 황무지가 평균 54.8%에 달했다.[김관도 저, 하세봉 역, 『중국사의 시스템이론적 분석』(신서원, 1995), 109쪽]

남한 면적의 4배에 가까운 저 광활한 대지에서 절반 이상의 농토가 주인 없는 황무지로 변해 버렸다는 사실을 우리는 어떻게 이해해야 할까? 그나마 겨우 살아남은 사람들이 황무지를 일구는 데 쓸 농기구는 녹슬고, 씨로 뿌릴 종자도 없게 된 것은 말할 필요도 없다. 때문에 굶주림이 극에 달하고 전염병 또한 만연했다. 지역에 따라서는 "열 명 가운데 하나도 살아남지 못했다"라든가 '백 명 가운데 하나도 살아남지 못했다"는 말이 과장이 아니고 굶어죽은 "백골이 들판에 가득하다"는 말도 사실에 가까울 수 있다.

태종 때 위징魏徵이 태산 봉선封禪을 반대하면서 했던 말은 실제 상황과 다르지 않았을 것으로 생각된다.

지금은 수 말기의 대란大亂을 이은 뒤라서 호구는 복구되지 않았고 창고는 아직 비어 있습니다. 그리고 낙양의 동쪽부터 바닷가까지 연기 나는 집이 드물고 잡초만 무성합니다. 만약 지금 폐하가 봉선을 하면 만국이 모두 모여 외국의 군주들이 뒤따를 것인데, 이는 외국인을 안으로 불러들여 허약함을 보여주는 결과가 됩니다.(『자치통감』 권194, 632년 춘정월조)

이상의 파괴 상황으로 보면 본래 4,600만 명에 달했던 인구가 1,235만 명까지 감소했다는 말을 그대로 믿을 수는 없어도 상상 이상의 인구 감소가 있었음이 분명하다. 봉기는 죽음의 상황에 몰린 민중들의 최후의 몸부림이었다. 그러나 결과는 더욱 참혹할 뿐이었다. 이 같은 처참한 죽음의 세계가 주기적으로 반복되어 온 것이야말로 중국 역사의 숙명적인 비극성이라고 할 수 있다.

대전란에 의한 파괴와 인구 소멸에 대해 보다 사실적인 이해를 위해 미국에서 활동했던 중국인 학자 하병체何柄棣(허핑티)의 저명한 연구 『중국의 인구』(정철웅 옮김, 책세상, 1994) 가운데 일부(284~296쪽)를 요약해서 정리해 두고자 한다.

하병체는 태평천국 난 직후인 1860~1870년대에 간행된 내란 지역의 풍부한 지방지와 중국 학자들에 의한 이루어진 방대한 연구를 토대로 매우 과학적이고 실증적인 방법으로 태평천국 난이 인구에 미친 영향을 평가했다. 그가 인용한 자료들은 현대인의 상식과 근대적인 전쟁 윤리로는 납득하기 어려운 정도의 내용들을 담고 있다.

하병체는 우선 반란군보다 정부군에 의한 살상이 더욱 잔혹했음을 지적한다. 반란군은 가난한 사람들에게는 어느 정도 동정적이었으며 경우에 따라서는 부자들에게도 관용을 보였다. 하지만 정부군은 반란군의 완전 섬멸을 목적으로 했기 때문에 무차별적으로 살육했다. 가장 유명한 태평군 진압 지도자로 보수적인 장군이자 정치가였던 증국번曾國藩과 그 동료들은 반란군을 완전히 전멸시켜야 한다고 믿었고 그 믿음대로 행동했다. 이는 오히려 반란군의 끈질긴 저항을 지속시키는 결과를 초래했다. 태평천국 말기의 중요한 인물이었던 충왕 이수성李秀成은 체포된 뒤 작성한 자술서에서 '만약 증국번과 그의 휘하 장군들이 반란이 시작된 때부터 반란군들을 처형하지 않고 항복을 받아들였다면 태평군은 저절로 무너졌을 것"이라고 말했다.

그 다음으로 지적하고 있는 것은 정부군이나 반란군 모두 초토화를 유력한 전략으로 이용했다는 점이다. 초토화는 적진 주변의 주민을 철수시키고 물자를 철저히 제거하거나 불태우는 작전 행위이다. 이런 초토화 전략은 상대적으로 보급이 유리한 정부군 쪽에서 반란군의 보급을 차단하기 위해 사용하는 것이 일반적이다. 이 전략은 상당한 효과를 발휘하여 식량이 고갈된 태평군은 정부군의 포위를 뚫고 멀리 안휘성에서 식량을 공급받는 수밖에 없었다. 그마저 여의치 않아 1861년 겨울과 1863년에는 10만 명이 넘는 반란군이 기아로 사망했다는 보고가 있다. 1864년 남경이 정부군에 재점령되었을 당시에도 10만 명 이상의 태평군이 전투·화재, 특히 기아로 죽었다.

그렇지만 반란군도 때때로 초토화 전략을 사용했다. 근대 시기의 한 연구는 다음과 같이 언급했다.

1855년 이후 태평군은 자신들의 중심 지역으로부터 반경 2백리 안쪽 지역에서 초토화 전략을 펼쳤다. 1857년 무렵 태평군은 안휘성과 하북성의 경계 지역을 완전히 초토화했다. 박주와 하북 동부 사이의 동·서 3백 리, 남·북 2백 리 이내 지역에는 사람의 흔적을 찾아볼 수가 없었다.

정부군과 반란군은 군대를 충원하기 위해 장정들을 닥치

는 대로 징발했으므로 향촌에서는 토지를 경작할 노동력이 남아나지 않았다. 정부군은 호남성과 안휘성의 합비 지역에서 군사를 모집했지만 태평군은 양자강 중류와 하류 지역 전역에서 강제로 군사를 동원했다. 이 지역의 많은 지방지는 태평군이 수만 명의 성인 남자와 아이들을 체포해 갔음을 입증하고 있다. 이로 인해 토지가 황폐화되고 기근·역병 등이 엄습하니 대부분의 농민들이 당하는 고통은 이루 말할 수 없었다.

그렇지만 가장 참혹한 피해는 공방전의 과정과 결말에서 빚어졌다. 공방전을 벌이는 경우 우세한 쪽이 적의 근거지를 포위하여 아사 직전까지 몰고 가서 마침내 함락하면 철저한 살육을 자행했다. 중국 내란은 근대의 전쟁과는 그 범위나 지속 기간·강도·야만성에서 사뭇 다른 것이었다. 이전의 대동란도 마찬가지지만 태평천국 난은 세계 역사상 가장 대규모의 전쟁 중 하나로 꼽히며, 그 잔인성과 파괴성은 인류 역사상 거의 전례를 찾아볼 수 없는 것이다.

태평천국의 난에 의해 가장 많은 피해를 입은 지역은 안휘성 전지역, 송강부를 제외한 강소성 남부, 북부 절강성, 강서 북부, 호북성 저지대 일부였다. 하남성 남동부와 산동성 서부를 제외한 북중국은 대규모의 피해를 면할 수 있었다.

피해 지역 가운데서도 태평군에게 가장 완강하게 저항했던 안휘성이 가장 많은 피해를 입었다. 오랜 전쟁에서 살아남은 그 지방 학자들은 안휘성 남부 광덕현의 피해를 다음과 같이 적었다.

1860년 음력 2월 이후 이 현의 태평군은 신출귀몰했다. 주민들은 죽거나 자살하거나 포로가 되었고 그렇지 않으면 질병과 기아에 허덕였다. 1860년 전반기에 죽은 사람들이 전체 지역 인구의 반을 넘었다. 살아남은 사람들도 안전하게 피신할 곳이 없었기 때문에 남쪽의 황죽보로 피신했다. 거기에 모인 사람들은 자신들의 수적인 우세와 황죽보의 전략적인 유리함을 확신했기 때문에 반란군의 공격이 있은 뒤 반격을 도모하기에 이르렀다. 그러나 결국 홍용해를 우두머리로 하는 반란군에 의해서 그 지역이 점령당했으며, 홍용해는 그 곳의 사람들을 모두 도륙하여 극소수만이 살아남았다.

1860~1864년에 사람들은 식량을 생산할 수 없었다. 1864년 말이 되자 산지의 나무뿌리와 산나물마저도 다 고갈되었으며 사람을 잡아먹는 사태가 발생했다. 그와 동시에 역병이 창궐했다. 시체와 백골이 널려 있었으며 길가에는 가시덤불만 우거졌다. 수십 리에 이르는 지역에 사람의 흔적이라고는 찾아볼 수 없었다. 원래 이 지역의 인구는 30만 명이 넘었으나 반란군이 휩쓸고 지나간 뒤에는 겨우 6천 명이 생존했을 뿐이다.[『光緖廣德縣志』권60, 25쪽]

광덕현 만큼은 아니지만 휘주부의 수도인 흡현歙縣의 피해도 컸다. 흡현 인구는 태평천국 난 이전 61만 7,111명에서 1869년에는 30만 9,604명이 되어 반으로 줄었다. 이러한 급격한 인구 감소 현상이 휘주부 전체에 보편적이었다는 사실은 휘주부 적계현績溪縣 출신으로 호적胡適 박사의 아버지이기도 한 호전胡傳(1841~95)의 자서전에 잘 나타나 있다.

호전은 1865년 종친 회의에서 종사宗祠의 재건립을 위한 비용 부과를 위해 호씨 가문 내의 생존자 조사 책임을 맡았다. 수개월에 걸친 철저한 조사결과 태평천국 난 발발 이전 6천 명이 넘었던 호씨 가문이 같은 해 동지 무렵에는 불과 1천2백 명에 불과했다. 전쟁 직후라 살아남은 사람들의 행방을 파악하기란 쉽지 않았다고 한다. 그러나 종사의 재건과 족보의 재편찬은 막중한 사업이기 때문에 그로서는 생존자 파악에 완벽을 기했다고 보아야 할 것이다.

증국번은 흡현에서 북쪽으로 약 2백 리 떨어진 남릉현의 한 학자에게 그 지역의 인구 회복 책임을 맡겼다. 그 학자는 자신의 가문은 1/4만이 생존했으며, 그러한 생존율은 남릉현과 많은 이웃 현의 경우도 동일하다고 보고했다.

다음 표는 전쟁의 피해가 많았던 지역의 인구가 얼마나 감소되었는지를 보여주고 있다. 몇몇 지역의 실질적인 인구 감소 비율은 표에 나타난 것보다 더 크다고 보아야 할 것이다. 왜냐하면 그 지역의 태평천국 이전 수치는 1850년 수치보다 적은 18세기 말 혹은 19세기 초반의 것이며, 태평천국 이후 수치는 유입자를 포함하고 있기 때문이다.

유감스럽게도 강소성에서 만들어진 많은 지방지에는 단지 정남丁男성인남재의 숫자만이 기록되어 있다. 이는 국가의 세금 할당량을 나타내는 것이다. 그러나 이 수치가 비록 세금

표				
연 도	성	태평천국 이전 인구	태평천국 이후 인구	유실비율 (%)
광 덕	안휘(남)	309,008(1850)	5,078(1865)	98.3
흡 현	안휘(남)	617,111(1827)	309,604(1869)	50.0
서 성	안휘(중)	396,334(1802)	107,196(1869)	73.0
수 주	안휘(북서)	765,757(1828)	379,663(1888)	48.1
청 양	안휘(남중)	432,049(1776)	51,032(1889)	88.2
영 상	안휘(북서)	271,886(1825)	162,679(1867)	40.2
사 현	안휘(북동)	588,112(1777)	148,291(1886)	74.8
항주부	절강(북)	2,075,211(1784)	621,453(1883)	70.0
가흥부	절강(북동)	2,933,764(1838)	950,053(1873)	67.7
육 화	강소(서중)	318,683(1781)	115,155(1882)	63.9
율 수	강소(남서)	230,618(1775)	37,188(1874)	83.9

징수를 위한 것이라도 수치의 변화를 통해서 인구 소멸의 범위를 대략 추측할 수 있다. 인구가 많았던 소주부의 정남수는 1830년에 341만이었던 것이 1865년에는 128만으로 감소했고 상주부 금궤현은 25만 9천에서 13만 8천으로 감소했다. 강소성 남서부 고순현은 1837년에 18만 9천이었던 정남수가 1869년에는 5만 5천으로 감소했다.

남경에서 남동쪽으로 50마일 떨어진 금단현의 경우 태평천국 이전에는 인구가 70만 명이 넘었다. 그러나 1864년에는 농촌의 현지인이 3만 명이 채 안되었고 성 안에는 3천 명도 살지 않았다.

위의 모든 수치들은 관리들이 중앙정부에 올린 보고서에

서 확인되고 있다. 태평천국 이전에 인구가 많고 부유한 지역이었던 강소 지역의 인구 감소는 매우 심각했다. 이웃한 호북성 몇몇 현의 농민들은 '주인이 없는 옥토를 갈고 주인이 없는 가옥을 차지하려는 희망'으로 몰려들었다.

저명한 지질학자이자 여행 가이드인 리히트호펜Baron von Richthofen은 당시 상황을 자세히 관찰한 외국인이다. 태평천국 후기 절강성과 안휘성 남부에 대한 그의 보고는 매우 귀중한 자료다.

토양이 매우 비옥함에도 불구하고 들판은 완전히 황무지로 변해 있다. 멀리 작은 숲에 가려져 있는 하얗게 도색된 집을 자세히 보면 완전히 파괴된 것임을 알 수 있다. 이 들판이 이전에는 매우 풍요로웠음을 알려주는 증거들이 있음에도 지금은 황폐한 땅으로 변해 있다. 여기저기 가옥들이 거의 비어 있어 거지들의 주거지로 사용되고 있다. 이 지역의 황폐한 정경은 땅의 비옥함과 좋은 대조를 보인다. 내가 언급하고 있는 동로桐廬·창화昌化·우잠于潛·영국寧國 등의 도시는 완전히 폐허가 되어 이 도시들에는 겨우 수십 가구만이 살고 있다. 이들 모든 도시는 1년 전 태평천국의 난으로 폐허가 되었던 것이다.

현의 도시를 연결하는 도로는 사람 키 높이의 잡초가 자라 있거나 통행하기 어려울 만큼 잡목이 자란 오솔길로 변해 버렸다. 이전에 이 들판에는 많은 주민이 살고 있었다. 큰 규모의 마을의 흔적들이 많은 것이 그 증거이다. 마을의 가옥들은 매우 훌륭한 양식으로 지어졌으며, 자른 돌과 벽돌로 지어진 모든 집들이 전에는 안락하고 풍요로웠음을 증명해 주고 있다. 이렇게 황폐한 땅에는 잡초만이 자랄 수 있기 때문에 산간의 계단식 논밭과 들판의 논밭에는 잡초만이 무성하다. 돌보지 않아 반절은 죽었지만 뽕나무가 있는 것을 보면 이전 시대에 잠업이 주요한 수공업의 하나였음을 말해 준다. 다른 지역의 땅은 오래된 밤나무로 뒤덮여 있다.

......

이 지역에서 행해진 인명과 자산의 파괴보다 더 끔찍한 것을 언급하기는 어려울 것이다. 그리고 이 지역은 유사한 운명을 겪은 중국 전체의 극히 일부분에 지나지 않는다. 동아시아 민족이 격렬한 감정에 휩싸여 행사한 이 같은 완전한 파괴에 나름의 의미를 부여하면서 그러한 지역을 살펴보아야 할 것이다. 절강성에서 끊임없이 되풀이된 살육 역시 최근 사례와 마찬가지로 가공할 만한 것이었다는 것은 틀림없는 사실이다.

나는 태평군의 반란에서 살아남은 사람들의 비율을 여러 지역에서 조사했다. 보통 생존자는 1백 명당 3명에 불과했다. 서천목산西天目山의 절에 살았던 4백 명의 스님 중 태평천국의 와중에 살아남은 사람은 30명에 불과했다. 난을 피해 산으로 자꾸 올라왔기 때문에 많은 사람들이 굶주려 죽었지만, 반란군의 손에 죽은 남녀노소의 수도 엄청났다.

호북성은 태평천국 반란 초기에 많은 전투가 벌어진 지역이었으며, 특히 대도시에서 그러했다. 1856년 이후 유능했던 순무 호림익胡林翼 덕분에 호북성은 안정을 되찾아 정부군의 중요한 공급 기지가 되었다. 하지만 5년간의 전쟁에 의한 호북성의 인구 감소는 상당했다. 호북성의 많은 지방지들은 수만 명의 성인 남자와 심지어 여자까지 태평군에 납치되었다고 기록하고 있다. 1853년에는 그러한 사람들이 30만~50만 명에 달했다고 전해진다. 호북성 중부 지역의 전쟁 피해가 매우 심각하여 가난하고 토지가 없는 농민 30만여 명이 1860~1861년에 자발적으로 태평군에 가담했다고 보고되었다. 전쟁 이후 몇몇 현에서는 버려진 토지가 많은 대신 노동력이 부족했기 때문에 이민을 받아들였다.

강서성의 인구 유실은 호북성보다 한층 더 심각했던 듯하다. 강서성 북부 파양호 주변은 주요한 전투 지역 가운데 하나였으며 강서성의 다른 지역에도 태평군의 놀랄 만한 반격이 있었다. 강서성 전체의 인구 손실에 대한 확인은 불가능 때 14개 부와 이에 버금가는 큰 현 가운데 전쟁 피해를 입지 않은 지역은 2개 지역에 불과하다.

예컨대 강서성 북서부 구석에 위치한 의령현은 1855년 성내 인구와 외부 유입민을 합해 전체 인구가 10만 6백 명이었다. 21일간의 격렬한 전투 이후 성이 함락되었을 때 생존자는 1만 명이 채 못되었다. 수수修水의 1백 리 안쪽 지역이 피로 물들었으며 시체 때문에 항해가 불가능했다고 한다. 그 이후 시체를 화장하여 거대한 무덤에 매장했으며 후세 사람들은 이것을 '십만인총'이라 불렀다.

1953년의 인구 조사를 제외한다면 1851년 이후 100년 동안 중국 전체에 대한 신뢰할 만한 수치가 없다. 1953년의 수치 역시 19세기 중엽의 상황을 암시하기에는 시간상으로 너무 동떨어져 있다. 그러나 양자강 하류 지역의 1851년 인구와 1953년 인구를 비교해 보면 태평천국으로 인한 인구 손실을 짐작할 수 있을 것이다.

1953년은 태평천국의 난이 끝난 때로부터 거의 1백 년이 지난 시점이지만 이 때 강소성·절강성·안휘성·강서성 4개 성의 전체 인구는 1억 1,713만이다. 이 수치는 1850년의 1억 3,630만에 비해 1,920만이 감소한 것이다. 상해가 중국의 가장 큰 내도시로 부상했기 때문에 오직 강소성만이 1850년의 인구를 약간 상회하고 있다. 20세기 내전과 외국의 침략 전쟁이 4개 성의 인구에 영향을 미쳤다 할지라도, 이 수치는 19세기 중엽의 태평천국 난이 양자강 하류 지역 인구에 커다란 변동 요인이었음을 보여주는 것이다.

19세기의 몇몇 외국인들은 태평천국 시기에 중국 전체의 인구 감소가 2천만 명에서 3천만 명에 달한다고 평가했다. 그들의 평가는 나름의 정확성이 있지만 전쟁터에서 멀리 떨어진 항구 도시의 거주자들에 의한 추측일 뿐이다. 그들의 평가는 리히트호펜의 날카로운 관찰, 지방지의 자세한 기록과 일치하지 않는다.

하병체는 태평천국 난에 의한 인구 소멸의 수가 3천만

명이 넘는다는 것을 암시하고 있다. 태평천국 군과 정부군 사이에 벌어진 전쟁은 양자강 유역 일대에 집중되어 피해도 이 지역에서 집중적으로 발생했다. 피해 지역의 인구 소멸은 심한 경우 90% 이상인 곳도 있고 50% 이상인 곳이 대부분이며, 그 합계가 3천만 이상으로 추계된다. 그러므로 중원 전체가 전란의 소용돌이 속으로 빠져들었던 전대의 대동란 때 전체 인구의 반 이상이 소멸되었다고 보아도 실제와 크게 다르지 않을 것으로 생각된다. 그런 의미에서 이상에서 소개한 하병체의 연구는 앞서 일어난 여덟 번의 대동란이 가져온 피해의 실상을 이해하는 데 충분한 근거 자료가 될 것이다.

제2편
북풍의
우환

□ 쉼터 □

북풍의
우환

중국은 통시적으로 이민족의 침략 위협에 노출되어 있었고, 침략을 받거나 정복되어 그 지배를 받은 세월도 결코 짧지 않다. 전통 시대 내내 중국을 위협하던 이민족은 주로 동북의 만주, 북쪽의 초원과 사막, 서쪽의 고원 지대에 거주하는 유목 민족들이었다. 유목 민족들은 대체로 생산력이 저급한 척박한 지역에 거주하기 때문에 물자가 늘 부족했다. 부족한 물자를 보충하기 위해 물산이 풍부한 중원을 침탈하게 마련이라, 중국 쪽에서는 그것이 항상 우환거리였다.

유목 민족의 침략 위협에 대해 중원 왕조는 우세한 인력과 물자를 동원하여 대대적인 공격으로 굴복시키기도 했다. 그러나 공주를 유목 민족의 군주에게 시집보내 혼인 관계를 맺고 많은 예물을 주어 화평 관계를 유지했던 때가 더 많았다. 군대를 보내 공격하는 것은 워낙 비용도 많이 들 뿐만 아니라 위험 부담도 컸기 때문이다. 실제로 대규모 군대를 동원하여 공세를 취하다가 왕조 자체가 전복된 경우도 있고 멸망 직전에 이를 정도로 위기에 처한 경우도 있다.

위험 부담이 큰 공세적인 대외 정책 대신 화평 관계를 유지하더라도 어려움은 뒤따랐다. 이민족 군주에게 시집간 여성의 불행은 말할 것도 없고, 예물도 중국인들에게는 고통거리였기 때문이다. 공세를 취하든, 화평 관계를 유지하든 유목 민족들은 중국인들에게 큰 우환거리였던 것이다.

유목 민족들은 침략해서 약탈하는 데 그치지 않고 아예 중국을 점령해서 지배한 경우도 적지 않았다. 후한 중기 이후 자연 재해가 극심해지자 유목민들은 중국 내지로 집단 이주하여 거주했다. 이 유목민들은 서진 때 봉기해서 왕조를 멸망시키고 자립적으로 나라를 세워 화북 지방을 분탕질했다. 난세가 많은 중국사에서도 가장 오랜 동안 지속된 난세였다.

당 말기 이후부터는 거란족·여진·몽고족·만주족이 중국의 일부 또는 전부를 정복하여 지배했다. 이들 네 개 유목 민족의 침략 전쟁 또한 대동란 못지않은 참혹한 난세였다. 모두 그런 것은 아니지만 정복 왕조들의 통치도 중국인들에게 혹독한 시련을 안겨주었다.

유목 민족에 대해 공세를 취하는 경우 많은 인력을 동원해야 하고 과다한 군비를 지출해야 하기 때문에 위험 부담이 컸다. 평화적인 관계를 유지하기 위해서는 예물이 적지 않은 것이 걱정거리였다. 하지만 침략을 받고 나아가 그 지배를 받는 것만큼 큰 불행은 없다. 역사 학자들은 이 점에 유의하여 중국 역사를 유목 민족과 농경 민족 사이의 대립 투쟁의 역사로 보기도 한다.

필자는 역사적으로 중국인들이 유목 민족에게서 받아온 근심거리를 '북풍의 우환'이라고 불러보았다. 이 표현은 중국인들이 유목 민족의 침략을 '풍고마비風高馬肥'라고 부른 데서 따온 것이다. 역사서에는 '풍고마비'를 '추고마비秋高馬肥'라고 표현한 기사도 있다. 가을이 깊어 바람이 거세지면 유목 군대는 초원의 풀로 살찐 날랜 말을 타고 남쪽으로 쳐내려 와서 노략질을 일삼았다. 중국인들은 가을이 깊어지면 유목 군대의 침략을 염려하여 깊은 시름에 빠졌다. 그래서 이런 표현이 생겨나게 된 것이리라.

중국의 고사성어에 '천고마비天高馬肥'는 없다. 우리나라 사람들은 가을을 하늘이 높고 말이 살찌는 계절이라는 뜻으로 '천고마비'의 계절이라고 한다. 이 말에는 '풍요로운 수확의 계절'이자 동시에 '등화가친燈火可親의 계절'이라는 뜻이 들어 있다. 중국에는 이 같은 낭만적인 뜻을 내포한 '천고마비'는 없고 유목 민족의 침략을 뜻하는 '풍고마비' 또는 '추고마비'만 있다. 이로 미루어 보면 등불을 가까이하여 독서하기 좋은 계절이라는 낭만적인 뜻을 가진 '천고마비'란 고사성어는 아마도 우리의 선조들이 '풍고마비' 또는 '추고마비'와 같은 중국적 표현을 빌려 만든 말일 것이다.

1) 대외원정은 난세를 부른다

한 고조가 왕으로 분봉된 공신들을 차례로 제거하자 흉노와 인접해 있던 한왕 신(信[장군 한신과는 다른 인물임)이 흉노에게 투항한 뒤 그 세력을 빌려 대항해 왔다. 한 고조는 한왕 신을 공격해서 응징하려다가 오히려 흉노에게 포위되었다. 위기에 처한 유방은 흉노 선우(單于[왕])의 연지(關氏[왕비])에게 뇌물을 주고 간신히 빠져나왔다. 이후 문제(文帝)와 경제(景帝)는 전쟁을 일으켜 공격하기보다 공주를 흉노 선우에게 시집보내고 매년 막대한 선물을 주는 방법으로 평화적인 관계를 유지했다. 대동란 뒤의 극도로 피폐해진 상황에서 세워진 신생 왕조가 계속 무력을 동원하는 것은 큰 부담이었기 때문에 불가피하게 이런 정책을 취한 것이다.

문제·경제 때는 대외적으로 화평 정책을 썼고 대내적으로도 법 적용을 최소화하는 무위(無爲)의 정치를 폈으므로 생산력이 회복되고 국가 재정이 확충되었다. 뒤를 이은 무제는 확충된 국력을 이용하여 대군을 일으켜 숙적 흉노를 대대적으로 공격하기 시작했다. 고조가 당한 치욕을 씻고 아울러 변경을 안정시키기 위해서는 숙적 흉노의 세력을 뿌리 채 뽑는 것이 최선이라고 판단하고 적극적으로 공세 정책을 편 것이다.

최초의 본격적인 흉노 공격은 기원전 133년에 감행되었다. 이 전쟁은 동원된 군대만도 30만에 이르렀지만 성과없이 끝났다. 이후 양측은 치열한 공방전을 반복했다. 무제 치세 말기까지 거의 50여 년간 대규모 공격만도 세 차례가 있었고, 중·소 규모의 전쟁은 매년 있었다.

한 무제는 북방의 흉노에 대해서만 공세를 취한 것이 아니라 서역의 여러 민족과 남월, 그리고 만주와 한반도 북부에 걸쳐 큰 세력을 구축하고 있던 고조선도 공격했다. 한나라의 고조선 공격은 5만 군사가 동원된 대규모 전쟁이었다. 1년 이상 수륙 양동 작전을 전개한 끝에 고조선의 수도 왕검성을 함락시키고 만주와 한반도 북부에 이른바 한사군漢四郡 을 설치한 사실은 우리가 익히 아는 바와 같다.

한 무제의 대외 팽창 정책은 한나라의 영토를 확장시키는 등 성과가 있었다. 또한 숙적 흉노의 국력을 고갈시켜 한나라는 한동안 그들의 위협에서 벗어날 수 있었다. 그러나 한나라도 막대한 손실을 입었다. 계속되는 전쟁으로 전사자가 속출해 인력 손실이 매우 컸다. 막대한 전비부담은 물론이고 농사지을 장정들이 전쟁에 동원되어 파산하는 농가가 부지기수였다. 무거운 세금을 피해 유민이 된 사람 또한 수백만 명에 이르렀고, 유랑하던 농민들은 도처에서 폭동을 일으켰다. 때때로 성을 공격하여 정부의 창고를 탈취하고 옥문을 열어 죄수들을 해방시켰으며 관리들을 살해했다.

한나라 정부는 군대를 파견하여 반란의 무리들을 진압하

려 했다. 그러나 농민군은 일시적으로 흩어졌다가 다시 험준한 지역에 모여 줄기차게 저항해 왔다. 사태는 그야말로 천하대동란으로 발전하기 일보 직전이었다.

농민군의 세력이 점차 확대되고 활동도 격렬해지자 무제는 무력으로 진압할 수만은 없음을 깨닫고, 그가 죽기 3년 전인 기원전 89년 전쟁을 중지시키는 한편 불요불급한 경비를 절감하고 세금을 경감하는 등 정책 변화를 시도했다. 무제 사후 황위를 계승한 소제昭帝(87~75 BC)·선제宣帝(74~50 BC)도 이 정책 기조를 그대로 유지하여 기원 8년 왕망에 의해 멸망할 때까지 불안한 와중에도 한나라는 명맥을 유지할 수 있었다.

대외 전쟁이 민들을 극도로 피폐케 하는 요인은 엄청난 비용이었다. 전쟁을 위해서는 많은 장정들의 군대 동원, 동시에 그보다 훨씬 많은 장정들이 군수품 수송을 위해 징발되어야 했다. 군수품 가운데 식량 수송이 가장 큰 비중을 차지하는데 동원된 인원이 많을수록 운반해야 하는 식량도 증가함은 말할 필요도 없다. 예를 들면 3백 일 동안 전쟁을 할 경우 병사 한 사람이 필요로 하는 양식은 당시 단위로 18석이었다. 그런데 이를 운반하기 위해 동원된 수레 끄는 소와 인부가 소비하는 곡식으로 20석 이상이 더 필요했다.

일찍이 진시황제는 군수품 수송을 신속하게 하기 위해 장안 북쪽 감천산甘泉山에서 오로도스 끝인 포두包頭까지 연장 6백㎞나 되는 고속도로를 건설한 일도 있다. 그러나 효용이 크지 않아서인지 그 이후 이 길을 사용했다는 기록은 그다지 많지 않다.

더구나 흉노의 본거지인 음산산맥을 넘어 초원을 통과할 때는 수레가 통행할 수 없었으므로 사람의 등짐에 의존해야 했다. 그러므로 만약 1만 명의 병사를 전쟁에 투입한다면 그들을 위한 군수품 수송에 몇십만 명을 동원해야 되는지 계산조차 안된다. 이 때문에 당시 군대의 출정은 1백 일을 넘길 수 없었다. 그만한 전투를 위해서는 엄청난 인원을 동원하여 군수품을 수송해야 했고, 그에 따라 농민들의 부담이 급증하기 때문이었다.

한 무제는 모자라는 전비를 염출하기 위해 소금과 철의 전매제를 시행했다. 또 부자들에게 관직과 작위를 팔고, 무거운 재산세를 부과했다. 그렇지만 이 방법으로도 전비를 충분히 조달할 수 없었다. 더구나 빈부 격차가 극심하여 부자는 많은 토지를 소유한 반면 일반 농민들은 토지를 잃고 지주들의 소작인佃戶이나 머슴살이로 연명하는 형편이었다. 그럼에도 전비 마련에 부심했던 국가는 하루하루 연명조차 어려운 농민들에게까지도 세금을 유예해 줄 수 없었다.

당시 세금은 주로 인두세였기 때문에 모든 민들은 목숨이 붙어 있는 한 세금으로부터 자유로울 수 없었다. 재난이 없는 평상시에도 입에 풀칠하기가 어려운 민들을 대상으로 몇십 년 동안 병사로 징발하고, 또 전비를 마련하기 위해 무거운 세금을 징수하니 대부분의 민들은 굶주려 죽을 도리밖에 없었다. 이런 때라고 가뭄이나 홍수 그리고 메뚜기 떼가 비껴가는 법은 없다. 백성의 굶주림을 방지한 채 나라는 전쟁에 여념이 없었다. 전쟁과 재해로 더 이상 먹을 것이 없던 백성은 식인도 서슴지 않았다.

후한 말의 명사 채옹蔡邕은 "변방의 근심이 손발에 난 부스럼이라면, 그로 말미암아 중국이 당하는 고통은 등창과 같다"고 말했다. 무제의 흉노 및 주변 민족들에 대한 침공은 고조의 치욕을 씻고 변방의 위협을 제거하며 나아가 영토를 확장하려는 야망을 이루기 위해서였다. 하지만 그 전쟁이 거꾸로 대내 상황을 난세로 악화시키고 왕조를 전복시킬 수도 있는 위기로 몰고 갔다. 채옹의 말은 이런 사정을 극명하게 표현한 것이다. 이 같은 사정이 있었기 때문에 중원 왕조는 유목 민족의 위협에 대해서 공세를 취하기보다는 대체로 화평 정책을 취했던 것이다.

위진남북조의 분열 시대를 마감하고 중국을 재통일한 수나라가 다시 대대적으로 대외 공세 정책을 취했다. 수 문제는 먼저 돌궐을 교묘한 방법으로 분열시켜 세력을 약화시킨 뒤 당시 동북방의 강자 고구려를 공격했다. 수나라는 수군과 육군 30만 명을 동원하여 고구려를 공격(598)했는데, 군수품이 제때 보급되지 못하고 전염병이 돌아 참담한 패배 끝에 철수했다. 이 때 병사 열 가운데 여덟 아홉은 전사했다고 한다.

문제의 뒤를 이은 양제는 보다 대대적으로 고구려를 침공했다. 양제는 609년부터 이미 고구려 침공을 준비했는데, 이

때부터 민들이 감수해야 했던 고통은 더없이 컸다. 산동 지방
주민들은 군역에 필요한 군마를 길러야 했으므로 부담이 컸
다. 게다가 전진 기지인 여하진濾河鎭과 회원진懷遠鎭지금의 북경
부근에 군량미를 운반하는 데도 동원되었다. 이 때 마부 60만
이 동원되어 2인이 3석을 운반하는 임무가 부여되었지만, 도
로가 험하고 거리가 멀었기 때문에 마부의 식량이 부족했다.
결국 운반하던 식량을 모두 먹어버려 목적지에 이르러서는
남은 것이 없었다. 수레 끄는 소는 대부분 귀환하지 못했고
사졸은 반 이상이 사망했다.

　많은 사람들이 군대나 군수품 수송에 동원되고 전쟁에서
죽어가는 동안 농지는 황무지로 변했다. 게다가 마침 이 해
가을 산동·하남에 대홍수가 나서 30여 군이 수해를 입었으
므로 민들은 몸을 팔아 노비가 되는 지경이 되자 인심은 더욱
흉흉해졌다.

　민들의 엄청난 희생을 딛고 양제는 고구려를 침공했
다.(612) 양제가 직접 지휘한 육군 113만 명은 24군으로 나누어
요동 공격에 나섰는데 군대의 출진이 완료되는 데만도 60여
일이 소요되었다. 양제는 전군을 동원하여 요동성을 공격했
으나 함락시키지 못했다. 양제는 요동성 공격을 잠시 보류하
고 우문술宇文術과 우중문宇仲文에게 35만 5천 명을 주어 평양
을 공격하게 했다. 하지만 청천강에서 을지문덕에게 대패하
여 살아서 돌아온 사람은 겨우 2천7백 명에 불과했다. 내호아
來護兒가 지휘한 수군도 산동반도를 출발하여 곧바로 평양을

공격했지만 고구려 군의 완강한 저항을 받고 패주했다.

다음해 양제는 다시 고구려 침공을 시도했다. 그러나 국내에서 예부상서 양현감이 반란을 일으켜 급히 철수했고, 그 다음해에도 침공했으나 역시 패배했다.

양제의 고구려 침공은 대동란을 야기했다. 양제가 고구려 침공을 준비하던 때인 611년 산동 사람 왕박王薄이 '지세랑知世郎' 즉 '세상을 훤히 아는 사람'이라고 자칭하고 '요동으로 가서 개죽음하지 말자[無向遼東浪死]'는 노래를 지어 부르며 봉기했다. 도처에서 이에 호응하는 반란이 일어나 마침내 천하가 대동란의 소용돌이 속에 빠져들었다. 양제는 대동란을 피해 양자강 유역의 강도江都로 갔다가 신하에게 피살되었고 수나라도 망했다.

한 무제의 대외 공세 정책은 난세를 불러왔으나 왕조가 멸망하는 데까지 이르지는 않았다. 그러나 양제의 고구려 침공은 자신의 죽음은 물론이고 왕조를 멸망으로 이끌었다.

수나라가 망한 뒤에 건국한 당나라는 일시 고구려와 화평 관계를 유지했으나, 645년(태종 정관 19년) 30만 대군으로 침공했다. 당군은 황제인 태종이 직접 지휘했음에도 불구하고 고구려에게 패배했다. 태종은 이후로도 두 차례 더 군대를 파견하여 침공했으나 역시 패배했다.

태종의 뒤를 이어 즉위한 고종은 신라와 연합하여 660년 백제를, 668년 고구려를 멸망시켰다. 당나라는 신라까지 포함하여 한반도 전체를 지배하려는 야욕으로 출병했던 듯하다. 그렇지만 신라와 고구려·백제의 유민들이 연합하여 완강하게 저항하는데다가 마침 서쪽 토번의 침공으로 한반도에서 철수해야 했다.

당나라는 고구려 및 백제, 그리고 신라와 30여 년 동안 전쟁을 벌였고, 그밖에 돌궐 및 토욕혼과도 전쟁을 치렀다. 그렇지만 이 같은 공세 정책이 일부 지역에는 큰 피해를 입혔으나 당나라 전체까지 치명적이진 않았던 것 같다. 한나라와 수나라가 대외 공세 정책을 취하다가 멸망 직전에 이르거나 아예 멸망한 것에 비하면 매우 예외적이다.

백제와 고구려를 침공하여 멸망시키는 등 적극적인 대외 공세 정책에도 불구하고 당나라가 다른 왕조처럼 큰 타격을 받지 않은 원인은 무엇일까?

첫째로 수나라와 같은 급공 정책이 아닌 지구전으로 고구려의 전력을 서서히 약화시킨 전략이 주효했다. 태종 때의 패배 이후 당나라는 매년 소수 병력으로 국경을 교란시키는 장기전에 돌입했다. 장기전은 국력이 월등하게 우세한 당나라에게는 큰 부담이 되지 않았으나, 고구려에는 큰 타격을 입혔다.

둘째로 당나라의 백제 공격은 배후에서 신라의 공격이 있었으므로 가능했고, 고구려는 내분으로 자멸한 셈이다. 중국의 역사학자 진인각陳寅恪이 지적한 바와 같이 당나라가 고구려와 백제를 멸망시킨 것은 자력에 의한 것은 아니다.

셋째로 당군에는 돌궐족·위구르족 등 상당수의 유목 민족 용병이 편입되어 있어 최소한의 군비로 전쟁을 수행할 수 있었다. 당군에 편입된 유목 민족 용병의 비율이 어느 정도인가에 대해서는 좀더 세심한 연구가 필요하겠지만 유목 민족 용병이 당군의 전력 증강에 큰 도움이 된 것은 분명하다.

당나라는 백제와 고구려를 멸망시킨 뒤 곧 토번의 침공을 받았다. 그 이후 당나라는 멸망할 때까지 외세의 압력에 대해 수세적 입장에 몰렸다. 뿐만 아니라 빈발하는 내란 진압도 유목 민족 용병에 의존하는 형편이었으므로 공세적인 대외 정책을 취할 입장이 못되었다.

당나라가 망하고 오대십국의 분열 시기를 거쳐 송나라가 성립했다. 송나라는 북송·남송 할 것 없이 대체로 외세의 침략을 받으며 방어에 급급했다. 이에 대해서는 뒤에서 상세하게 설명하게 될 것이다.

송나라를 이어 중국을 지배한 원나라는 몽고족 정권이고, 또 이미 유라시아 대륙을 석권한 뒤에 중원 왕조로 자리잡았기 때문에 논할 바가 못된다.

명 전기에는 성조 영락제가 5차에 걸쳐 사막 북쪽 지방에 대해 직접 공격을 감행했다. 또 정화鄭和의 지휘 아래 7차에 걸쳐 남해를 원정했으니 대외적으로 공세 정책을 취했다고 볼 수 있다. 그러나 곧 남해 원정은 중단되었고 사막 북쪽의 몽고족에게도 수세에 몰리게 된다. 1449년 몽고족 오이라트

가 침공해 오자 영종 황제는 50만 명을 이끌고 원정길에 나섰
으나 황제는 사로잡히고 명군은 전멸하고 말았다. 이후 명
중기 이후부터는 '북로남왜北虜南倭'라는 말이 있듯이 북쪽에
서는 몽고족이, 남쪽에서는 왜구가 계속 침략해 왔으므로 큰
우환거리가 되었다.

만주족이 세운 청나라는 적극적인 공세 정책을 추진하여
유목 민족들을 복속시켰다. 이에 따라 영토도 크게 확장되었
는데, 현재의 중국 영토는 이 때 완성되었다고 볼 수 있다.

청나라는 반농 반목적인 만주족을 중심으로 하고 몽고족
등 유목족을 편입해서 군대를 조직했다. 이 때문에 다른 유목
국가에 대해서 공세 정책을 추진하는 데 유리한 조건을 갖췄
다. 농경 군대는 군량을 수송하기 어렵고 기동성이 떨어지는
약점이 있어 유목 군대를 효과적으로 공략하지 못한다. 청군
은 본래 유목 군대라서 이런 약점이 없었다. 게다가 중원을
지배하여 얻은 풍부한 물자로 유목 군대를 지원할 수 있었다.
이러한 배경 때문에 적극적인 공세 정책을 취할 수 있었던
것으로 생각된다.

이상에서 중원 왕조가 외국에 대해 공세적인 때보다 수세
에 몰린 때가 많았다는 점에 대해 정리했다. 아울러 중원 왕
조가 침략 의도를 가지고 한반도에 출병한 경우도 드물었다
는 점을 지적해 두고 싶다.

중국이 한국을 침략한 것은 한 무제 때 고조선을 침공하

여 멸망시키고 한반도 북부와 만주에 한사군을 설치한 전쟁, 수 문제와 양제 때 고구려를 침공했다가 패배하여 수나라 자체가 멸망한 전쟁, 그리고 당 태종과 고종 때 백제와 고구려를 멸망시킨 전쟁이 전부이다.

이밖에 중국의 삼국 시대에 위魏나라의 관구검毌丘儉, 오호 십육국 시대에 전연前燕 등 요서 지방에 근거를 둔 세력들이 침범한 때가 있었다. 하지만 고구려도 뒤에 상응하는 공격을 가했으므로 일방적으로 침략만 당한 것으로 보기는 어렵다.

고려 때는 거란족의 요나라, 여진족의 금나라, 몽고족의 원나라의 위협을 받거나 침략을 받은 일이 있다. 이 왕조들은 초원 지대에 위치한 유목 정권이지 중원을 지배한 중국이 아니다. 당시 중원은 송나라가 지배했으므로 중국이라면 당연히 송나라를 가리킨다. 그 송나라도 이들 유목 민족들로부터 계속해서 침략을 당하는 처지였다.

조선 시대에는 만주족의 청나라가 침입하여 정묘호란과 병자호란을 일으켰지만, 이 때는 청나라가 중원을 지배하기 전이었다. 당시 중원은 명나라가 지배하고 있었으므로 중국이라면 당연히 명나라를 가리킨다. 명나라도 만주족의 침략을 받다가 농민 반란군에 의해 망했고 이어서 청나라가 중국을 정복하여 지배했다. 청나라도 중국 지배가 시작된 뒤에는, 다시 말하면 중원 왕조가 된 뒤에는 조선을 침공하지 않았다.

우리 국민들 대다수는 우리나라가 반도에 위치하기 때문

에 외세 침략을 많이 받았고 외세에 의존적이었다는 역사 인식을 갖고 있는 듯한데, 이런 인식은 크게 잘못된 것이다.

왜 잘못된 것인가는 중국 역사와 비교해 보면 저절로 드러난다. 예를 들면 거란족의 중국 침략은 대개 930년대부터 시작되어 1004년 '전연의 맹약'으로 종식될 때까지 70년 가까이 계속되었다. 고려도 3번에 걸쳐 거란족의 침공을 받았고 2차 침입 때는 큰 피해를 입었지만, 1차 침입 때는 서희의 담판으로 스스로 물러갔고, 3차 침입 때는 귀주貴州에서 강감찬에게 패하여 전멸당한 바 있다.

여진족이 세운 금나라의 중국 침략은 1120년부터 시작되어 금나라가 멸망하는 1234년까지 이어졌지만, 고려를 무력으로 침공한 일은 없다. 몽고족의 경우는 조금 달라서 고려를 29년간 침략해서 막대한 피해를 입혔다. 그러나 몽고의 중국 침략은 금나라를 멸망시키면서 화북 지방을 초토화시키고, 사천을 공략한 뒤 남송을 정복할 때까지 거의 70년 동안이나 계속되었다.

청나라를 세운 만주족의 침략 전쟁도 1620년경부터 요동에서 명나라와 공방전을 벌이기 시작하여 중국 정복 전쟁을 완료하는 1680년경까지 거의 60년 동안 이어졌지만, 청나라의 조선 공격은 두 차례, 그것도 단 몇 개월 동안의 전쟁이었을 뿐이다.

위에서 보듯이 우리나라는 반도에 위치하기 때문에 오히려 주 전쟁터에서 벗어나 전란의 화를 덜 입었다는 사실을 확인할 수 있다.

사실 세계사는 온통 전란의 연속이었다. 중국사는 말할 것도 없고, 외세의 침입이 없었다는 일본사는 내란의 연속이었다. 인도사는 외세 침탈의 역사이며, 유럽사나 이슬람사도 전란이 일상화된 역사였다. 이에 비하면 한국사는 내란이나 외침이 적었던 역사인 것이다.

2) 초원으로 끌려간 비운의 여인들

한 초기에는 흉노 선우에게 공주를 시집보내고 많은 예물을 주어 화평 관계를 유지하려 했다. 무제 때에 와서는 공세로 전환하여 50여 년 동안 대대적으로 흉노를 공략했다. 그 결과 한나라는 국력이 탕진되어 위기를 맞았다는 점은 앞에서 언급한 바 있다.

그렇지만 한나라의 공략으로 흉노가 입은 타격도 컸다. 흉노가 입은 가장 큰 피해는 한나라의 공격을 견디지 못하고 음산산맥 일대의 비옥한 초원 지대를 포기한 것이다. 이는 그들의 본거지 상실을 의미한다. 흉노는 본거지를 뒤로 하고 북쪽으로 숨어들었으나 마침 북쪽 초원은 가뭄이 들어 가축과 사람들이 살아갈 수 없었다. 위기감이 팽배해진 가운데 흉노족은 내분마저 일어나 여러 부족들이 서로 분열 대립했다. 흉노 부족의 선우 가운데는 대립 항쟁에서 우위를 점하기 위해 한나라의 신하되기를 자청하여 그 후원을 받고자 하는 자도 있었다.

한나라는 이를 흉노를 제압할 기회로 이용했다. 대립하는 여러 세력을 은밀히 지원하여 서로 견제하게 하는 전략을 쓴 것인데, '이이제이以夷制夷' 정책이 바로 이것이다.

이이제이 정책이 효과를 거두어 흉노족의 내분과 갈등이 격화되자 한나라는 이 틈을 이용해서 약한 부락부터 차례로 각개격파를 해나갔다. 전한 말기 원제 때 대립하던 흉노의 두 실력자 가운데 하나인 질지郅支선우가 한나라 군에게 패하여 죽었다. 마지막 남은 실력자 호한야呼韓邪 선우는 한나라의 사위가 되어 화친하고 싶다 고 청원하고 변경 요새 방어 역할을 자청했다. 한나라로서도 확실한 우호 세력을 확보할 수 있다는 이점과 민들을 휴식시킬 필요가 있어 많은 예물과 함께 후궁을 하사했다. 이 때 호한야에게 하사된 여인이 양가 출신으로 후궁이 된 왕장王嬙인데 자가 소군昭君이므로 왕소군이라 부른다.

유목 민족 군주에게 시집간 여인이라면 왕소군 하나만이 아니다. 줄기차게 공세를 취하던 무제 때에도 유목 민족에게 여인들을 시집보냈으니, 오손烏孫 왕에게 시집간 오손공주가 바로 그녀이다. 후한 때에도 흉노 등 유목 민족 군주에게 시집간 여인이 여럿이 있고, 수·당 때에도 돌궐·위구르·토번 등으로 시집간 여인들이 수없이 많았다.

중원 왕조의 황실에서 유목 민족 군주들에게 시집을 간 여인들이 이렇듯 많지만, 그 가운데 애절한 사연을 전해 중국인들을 격동시키고 시인들의 시상을 자극한 예로는 왕소군 이야기만한 것이 없다. 왕소군과 관련된 기록에는 중원 왕조의 황실 여인이 유목 민족 군주에게 시집간 이야기뿐만 아니라, 황제와 궁중 속 여인들 사이에 있었던 매우 흥미로운 이야기도 전한다.

『한서』에 기재된 왕소군에 관한 이야기는 간단하다.

왕소군은 호한야선우를 따라가서 영호연지寧胡闕氏가 되었다. 영호는 흉노를 안녕케 한다는 의미이고 연지闕氏독음은 알씨지만 이 경우 연지라고 발음함는 선우의 왕후이다. 왕소군은 아들 이도지아사伊屠智牙師를 낳았는데 나중에 우일축왕右日逐王이 되었다. 우일축왕은 왕자에게 주는 칭호이다. 호한야는 왕소군을 맞이한 지 2년 만에 죽었다. 호한야에게는 왕소군 외에도 많은 왕후와 장성한 아들들이 있었다. 그 가운데 장남인 조도막고雕陶莫皐가 선우로 즉위하자 왕소군은 그의 왕후가 되어 두 딸을 낳았다. 아버지가 죽으면 그 지위를 계승한 아들이 아버지의 후처를 처로 삼는 것이 흉노의 풍속이기 때문이다.[『한서』 권94하, 흉노열전]

『한서』에는 기재되어 있지 않지만, 『서경잡기西京雜記』에는 왕소군이 호한야에게 하사된 사정에 대해 다음과 같은 이야기를 전하고 있다.

어느 때나 마찬가지지만 이 때도 후궁이 많았으므로 황제가 다 사랑할 수 없었다. 황제는 화공에게 후궁들의 화상을 그리게 해서 그림을 보고 마음에 드는 사람을 사랑했다. 후궁들은 다투어 화공에게 뇌물을 주었는데 많게는 10만 전, 적어도 5만 전이었다. 왕소군만은 뇌물을 주지 않았으므로 황제의 사랑을 받을 수 없었다. 마침 호한야 선우가 와서 왕후로 삼을 미인을 요구하자 황제는 화공들이 그린 그림을 보고 왕소군을 보내라고 했다. 왕소군이 흉노로 떠날 때가 되어 황제가 불러보니 용모가 후궁 가운데 제일이었고, 응대하는 것이나 행동거지가 단아했다. 그 때서야 황제는 후회했으나 이미 갈 사람으로 정해졌고 외국과의 신의가 중요했으므로 다시 바꾸지 못했다. 마침내 사안을 끝까지 조사하여 화공들을 처형하고 재산을 몰수했는데, 몰수한 재산이 거만이었다.

『후한서』에는 같은 이야기가 조금 달리 기록되어 있다.

왕소군은 궁에 들어왔지만 여러 해 동안 황제의 총애를 얻지 못해 슬픔과 원망이 쌓였다. 마침 호한야가 신하되기를 자청하며 찾아오자 황제가 궁녀 5인을 하사하려고 하니 왕소군이 후궁을 관리하는 액정령掖庭令에게 가기를 자청했다. 호한야가 작별을 위해 큰 잔치를 열자, 황제는 떠나는 궁녀들을 불러보았다. 소군이 한껏 치장하니 한나라 궁전이 환해졌고, 치렁치렁한 옷을 입고 서성이니 모두 눈이 휘둥그레졌다. 황제가 깜짝 놀라 머물게 하고 싶었으나 외국과 신의를 잃을 수 없어 마침내 흉노에게 주었다. 왕소군은 호한야와 결혼하여 아들

둘을 낳았다. 호한야가 죽고 그의 장남이 뒤를 이었는데 왕소
군을 처로 삼고자 했다. 왕소군은 한나라 황제에게 글을 올려
귀국하고 싶다는 청원을 했지만, 황제는 칙령으로 오랑캐 풍
속을 따르라고 했다. 그의 아들은 뒤에 선우 계승자의 지위에
올랐지만 피살되었다.[『후한서』 권89, 남흉노열전]

이상이 역사서에 실린 왕소군에 관한 기록들이지만 이외
에도 전설적인 이야기들이 많이 남아 있다. 황제의 총애를
돈으로 사고 싶지 않은 그녀였지만 황제에 대한 사모의 정이
깊었다는 것, 뜻하지 않게 늙은 흉노 선우에게 선물로 주어졌
다가 다시 그의 아들의 여자가 되어야 하는 신세를 한탄하며
황제와 조국의 산야를 그리다가 죽었다는 것, 그래서 그녀의
무덤에는 은빛 몽고 풀 대신 푸른 한나라 풀만 돋았다는 이야
기 등이 그것이다. 그녀는 일평생 한나라로 돌아갈 수 없었지
만, 그녀의 딸은 한나라에 들어와서 황태후의 시녀가 되었다.
이로써 왕소군의 한이 풀렸다고 할 수 있을까?

중국 사람들은 왕소군을 역사상 4대 미인 가운데 하나로
꼽는다. 왕소군 외에 월나라가 오나라를 공격하기 위해 미인
계로 이용했던 서시, 왕윤이 동탁을 제거하기 위해 미인계로
이용했던 초선, 당 현종이 가로챈 아들의 부인 양귀비가 그들
이다. 다같이 비운의 여인들이었지만 왕소군의 처지가 가장
애처롭다.

한나라 때 대문장가 양웅은 이렇게 말했다.

흥노가 강성해지면 중국 사람들은 높은 베개를 베고 잘 수
없다. 그들을 굴복시키기 위해 무력을 동원하면 국가 재정이
바닥나고 백성들이 피폐해지며 장정들은 죽음의 길로 나서서
피를 흘려야 한다. 그렇다고 화친을 도모하면 예물로 바쳐야
할 재물이 적지 않다.[『한서』 권94하, 흉노열전하]

양웅은 말하지 않았지만 화친 정책의 이면에는 항상 원하
지 않는 출가의 길을 떠나야 하는 여인들이 있었다. 왕소군은
이같이 숙명적인 비극성을 갖는 중국 역사의 한 모퉁이를 차
지하고 있다는 점에서 가장 애처로운 비극의 주인공인 셈이
다. 이런 왕소군을 두고 시인들은 애절한 시를 지었다. 당나
라 이백은 다음과 같이 읊었다.

왕소군 옥안장에 치맛자락 스치며	昭君拂玉鞍
말에 오르자 붉은 뺨에 눈물지네	上馬啼紅頬
오늘은 한나라 궁녀의 몸	今日漢宮人
내일 아침엔 오랑캐 땅 첩의 신세라	明日胡地妾

당나라 때 동방규東方虬도 '소군원昭君怨' 3수를 지었는데
[『문원영화文苑英華』 권204] 그 가운데 둘을 소개한다.

1) 그 때는 한나라 전성기	漢道今全盛
조정에는 장군도 많았건만	朝廷足武臣
어찌 박명한 첩을 괴롭혀	何煩薄命妾

수고롭게 멀리 화친했는가?　　　　　　　辛苦遠和親

2) 오랑캐 땅에는 푸른 풀이 없으니　　　　塞外無靑草
　　봄이 와도 봄 같지 않구나　　　　　　春來不似春
　　제멋대로 헐렁한 가죽옷　　　　　　　自然衣帶緩
　　가는 허리 멋진 몸매 간 데 없네　　　　非是覓腰身

　　특히 동방규의 두 번째 시의 앞 두 구절 "오랑캐 땅에는
푸른 풀이 없으니塞外無靑草 봄이 와도 봄 같지 않구나春來不似春"
는 곧잘 우리나라 사람들의 입에도 오르내리는 절창이지만,
이 시구에 왕소군의 애절한 사연이 들어 있는 것을 아는 사람
은 많지 않은 듯하다.

　　국가의 정략에 따라 유목 민족 군주에게 시집가서 애절하
게 살다 간 한 많은 여인들은 많았다. 하지만 그들은 국가간
에 정식 절차를 밟아 성대한 의식을 치른 뒤 많은 예물과 함
께 떠나갔으니 그런 대로 좀 덜 억울했을 것이다. 수천 년
동안 유목 민족들에게 약탈되어 끌려가서 살다간 수많은 여
인들에 비하면 꼭 불행했다고는 할 수 없기 때문이다. 약탈되
어 잡혀간 이름 없는 여인들의 이야기는 역사에 남아 있을
턱이 없지만, 명사의 딸로 문학적 재능이 있어 역사에 기록된
여인이 있었으니 그가 채문희蔡文姬다.

　　채문희는 본명이 채염蔡琰이며, 후한 말기 명사 채옹蔡邕의
딸이다. 그녀는 일찍이 위중도라는 사람에게 시집갔다가 남

편과 사별한 뒤 소생도 없이 친정에 돌아와 살고 있었다. 그 때는 마침 황건적의 난이 평정되고 난 뒤였는데, 정권을 장악하고 있던 동탁이 왕윤 등에게 피살되어 저잣거리에 버려진 사건이 발생했다.

무소불위의 권력자 동탁은 하루아침에 역적이 되었고 인심마저 잃은 터라 아무도 조상弔喪하지 않았다. 채옹만은 일찍이 자기를 발탁해 준 은의를 생각하여 시체 앞에 나가 곡哭했다. 동탁을 제거한 공으로 권력을 장악하고 있던 왕윤은 역적의 죽음을 조상한 죄를 물어 채옹을 처형했다. 남편도 없이 아버지를 모시고 살던 문희는 다시 아버지를 여의는 큰 슬픔을 겪었다. 그러나 문희의 처절한 슬픈 운명은 바로 이 때부터 시작이었다.

동탁이 죽자 그의 부하 이각과 곽사가 반기를 들어 왕윤을 죽이고 황제를 납치했다. 이들로부터 황제를 되찾아 온 사람은 흉노의 우현왕 거비와 군도의 하나인 한섬이었다. 흉노는 겉으로는 황제를 시위한다면서도 가는 곳마다 노략질을 일삼았다. 문희도 이 때 이들에게 잡혀 다른 많은 포로들과 함께 수천 리 머나먼 흉노땅으로 끌려갔다. 흉노들은 가는 곳마다 살육을 자행하여 시체가 쌓였고, 말안장 옆에는 남자의 머리를 매달고 등 뒤에는 여인들을 태우고, 걷는 포로들을 채찍질하며 황토고원 험준한 길을 돌고 돌아 먼 길을 갔다고 뒤에 문희는 회상했다.

문희는 좌현왕에게 바쳐져 그 사이에서 두 아들을 낳고

11년을 보냈다. 마침 그 때 한나라의 실권을 장악한 조조가 친구인 채옹에게 후사가 없는 것이 안타까워 금과 옥을 주고 문희를 되찾아 왔다. 조조가 문희를 되찾아온 데는 친구와의 의리 외에도, 한나라 명사의 딸이 오랑캐에게 잡혀간 것을 치욕으로 여기는 사대부들의 자존심을 살려주어 자신의 위신을 세우려는 목적도 있었을 것이다.

하지만 흉노땅을 벗어나 고향으로 돌아가는 기쁨도 잠깐, 자신의 몸으로 낳은 두 아들과 생이별해야 하는 문희의 슬픔은 또 어떠했을까? 문희는 돌아와 동사董祀라는 사람에게 개가했는데, 그가 죄를 받아 사형당할 처지가 되자 조조를 찾아가 부탁하여 생명을 구했다. 뒤에 그녀는 자신의 슬픈 운명을 '비분시悲憤詩 2수『후한서』 권84, 董祀妻로 지었는데 처연하기 이를 데 없다. 특히 그녀가 자식들과 이별하는 광경을 그린 대목은 후인들을 울리기에 충분하다. 다음은 그 시의 일부다.

아이들은 달려들어 내 목을 껴안은 채	兒前抱我頸
어머니 어디로 가시렵니까?	問我欲何之
사람들은 어머니가 가야 한다더군요	人言母當去
다시는 만나볼 날이 없겠지요	豈復有還時
다정한 어머니 항상 인자했는데	阿母常仁惻
지금은 왜 냉정하신가요	今更何不慈
나는 아직 어린아인데	我尚未成人
어찌 내버려두고 가시렵니까?	奈何不顧思
이를 보니 오장은 무너지고	見此崩五內

정신 아득해지며 미칠 것 같아   恍惚生狂癡

울면서 어루만지노라니   號泣手撫摩

발걸음 떼다가 다시 망설여졌네   當發復回疑

3) 허리 휘는 예물

중원 왕조들은 전쟁을 피하기 위해 공주나 황실 여인들을 유목 민족 군주에게 시집보내지만 이에 따르는 예물은 항상 재정적으로 큰 부담이 되었다. 한나라 시대 이후 대부분의 중원 왕조는 이 부담에서 자유롭지 않았다. 특히 8세기 중엽 안사의 난 이후 위구르의 예물 요구가 당나라에게 큰 부담이 되었다. 이 사례를 들어 '허리 휘는 예물'에 대해 설명해 보기로 한다.

안록산이 반란을 일으켜 낙양을 함락하고 장안에 육박하는 사태에 이르렀으나 당나라는 이를 진압할 수 없었다. 이런 절박한 위기에서 당나라를 구한 것은 의병들과 더불어 위구르 군대였다.

위구르는 안록산이 반란을 일으켜 당나라가 위태롭다는 정보를 입수하고 사자를 파견하여 반란군 토벌에 협조하겠다는 뜻을 전해 왔다. 숙종은 즉시 중신을 파견하여 원군을 요청했고, 위구르 카간可汗왕은 직접 군대를 이끌고 참전해 왔다. 황제는 위구르 카간을 불렀으나 그는 신하의 반열에 서는 것을 싫어하여 머뭇거렸다. 이를 안 황제는 카간을 전상으로 불러 나란히 앉아 큰 잔치를 베푼 뒤 출전시켰다.

위구르 군은 안록산 난을 진압하는 데 큰 공을 세웠다. 이후 당나라는 위구르에게 공주를 시집보내고 매년 거액의 예물을 보내야 했기에 재정적으로 큰 부담을 감수하지 않으면 안되었다.

당 헌종 때인 808년에도 위구르 군주가 당나라에 청혼해 왔다. 이번에는 당나라가 응하지 않았다. 그러자 위구르는 기병 3천을 파견하여 압박했고 당나라도 군대를 파견하여 대비했다. 이에 대해 예부상서 이강李絳은 '위구르는 강성하고 당나라는 허약하니 대적하기가 쉽지 않다' 고 했다. 더욱이 위구르인들이 가을바람이 높아질 때 살찐 말[風高馬肥]'을 타고 쳐들어오면 당나라 자체가 위태로울 수 있다고 강조하면서 이렇게 주장했다.

어떤 사람은 공주를 시집보내는 비용이 많다고 하는데 저는 그렇지 않다고 생각합니다. 우리나라 조세 수입의 1/3은 국방비로 쓰입니다. 지금 동남 지방 한 현의 세금은 20만 관이므로 그 금액이라면 혼인 비용을 충당할 수 있으니, 작은 비용을 들여 큰 비용을 아낄 수 있지 않습니까? 지금 혼인 비용이 아까워 군대를 출진시킨다고 하면 보병 3만과 기병 5천으로도 막을 수 없는데, 한 해의 군대를 움직이는 비용만도 한 현의 세금보다 많지 않겠습니까?『신당서』 권217上, 回鶻列傳 上

위구르인들은 공주와 예물을 요구하는 데 그치지 않고, 그들의 말을 중국 비단으로 교환해 줄 것을 요구했다. 더구나 말 한 필 값이 견 40~50필인데 위구르는 한꺼번에 수만 필의 말 교역을 요구한 일도 있고, 그 중에는 비루먹은 '말도 많았다. 이런 요구는 당나라가 조세로 받는 비단을 다 준다 해도 감당할 수 없었으므로 말의 필수를 제한하기 위해 온갖 노력을 다했지만 여전히 큰 부담이었다. 이런 현실을 목도하며 살았던 백낙천은 당시 사정을 '음산도陰山道' 『白氏長慶集』 권4라는 시로 읊었다.

음산도! 음산도!
초원은 기름지고 샘물도 좋은 곳
매년 오랑캐들 말 보낼 때면,
천 리 길가에 풀 한 포기 없네
풀도 다하고 샘물도 말라 병들고 마른 말들,
'비룡飛龍'은 이름뿐 뼈 가죽만 앙상하네
비단 쉰 필에 말 한 필,
비단 가고 말 오길 그칠 날 없고
쓸모도 없는 말 길러 뭣하나,
매년 죽어나가길 열에 여섯 일곱이라
실도 부족하고 여공도 고단해,
성긴 비단 짧게 끊어 필 수만 채우니
천이 후줄근하고 길이도 짧아 쓸모없다고
위구르 사람들은 트집 잡네

위구르 왕후 된 당나라 공주,
카간위구르 왕 위해 빗발치듯 글 올리고
원화 2년(807) 황제 명령하길,
황실 비단 내서 말 값 치르라 하고
말 값으로 줄 비단 짜는 강회江淮 사람들,
품질 길이 틀림없으라 신칙하네
호송하는 장군 만세 부르며,
두 손 들어 금 은 비단 받아가나
누가 알랴? 교활한 도둑들 탐욕 드러내,
명년에 보내는 말 배나 될지
비단 좋아지면 보내는 말 더 많아질 터,
음산 오랑캐들을 어찌 할거나?

4) 다섯 유목 민족의 분탕질 280년

후한 말부터 변경의 수많은 유목 민족들이 내지로 이동해
와서 한족과 섞여 살았다. 후한과 위 정권은 변경의 방어와
경제상의 필요에 의해 이들을 불러들여 용병으로 삼거나 경
작 노비로 삼았다. 이 가운데 세력이 큰 것은 흉노匈奴·갈羯·
선비鮮卑·강羌·저氐의 다섯 종족이기 때문에 이를 5호라고
하고, 종인賓人을 합하여 6호라고 부르기도 한다.

　□ 흉노족은 오로도스 초원의 남흉노가 중심이었다. 남흉노는 후한 말에 산

서 서부·중부로 이동하여 한인과 섞여 살았고 한족도 전란을 피해 흉노로 도망가 사는 사람이 적지 않았다. 조조는 흉노 부락을 5부로 나누어 5부수를 두었고 한인을 5부 사마로 임명하여 감독케 했다. 서진 때에는 남흉노 외에 사막 북쪽의 흉노들이 계속 국경 안으로 이주하여 그 수가 20여만 명에 이르렀다. 흉노 귀족 가운데는 한나라 황실의 후손이라 자처하는 유연劉淵 같은 사람도 있었다. 유연은 낙양에 살면서 유교 경전과 중국 역사를 익혔고 낙양의 관료들과도 친분이 두터웠다.

□ 갈족은 흉노의 다른 갈래로 서북쪽 변경 지대인 상당군上黨郡에서 한족과 섞여 살았다.

□ 선비족은 모용부와 탁발부의 활동이 두드러졌다. 선비 모용부는 선비산에 살다가 요락수로 옮겨 살았으며, 삼국 시대에 들어와서 사마의를 따라 공손연을 공격하여 작위를 받고 요서로 옮겨 살았다. 영가의 난 이후 한족 사인과 농민이 대거 모용부로 유입되었다. 선비 탁발부는 눈강嫩江 서북쪽 대흥안령 지역에 살았다. 후한 말에 흉노 옛땅으로 이동했고 220년경에는 전사 20만을 거느린 큰 세력으로 성장했다. 이후 오환·선비 모용부와 잡호를 흡수했고 한족들도 영입했다. 북방 각 민족이 서진에 반기를 들었을 때 서진을 원조하여 대왕代王으로 봉해졌다.

□ 저족과 강족은 지금의 청해성과 감숙성에서 살았다. 위·진의 통치자들은 관중을 충실히 하고자 이들을 관중으로 이주시켰다. 그래서 서진 때는 저족·강족과 기타 유목 민족이 관중 인구의 반을 차지했다.

□ 종인은 파인巴人이라고도 불렀는데, 지금의 사천 동쪽 파 지방에서 사는 소수민족이기 때문이었다.

유목 민족들은 위·진 이래 점차 한족 지역으로 진입했다. 한족 지역으로 이주한 사람들은 병사 또는 전객이나 노비로 전락하여 사역되는 경우가 많았는데 그들의 처지는 비참했다. 오호십육국 시대 초기 후조後趙 황제 석륵石勒의 경우도 행상 또는 머슴살이를 하다가 포로가 되어 노예로 팔리기도 했다. 유목 민족들이 봉기하여 잔혹한 살육을 자행한 원인 가운데 하나는 그들이 한족으로부터 비참한 대우를 받은 데

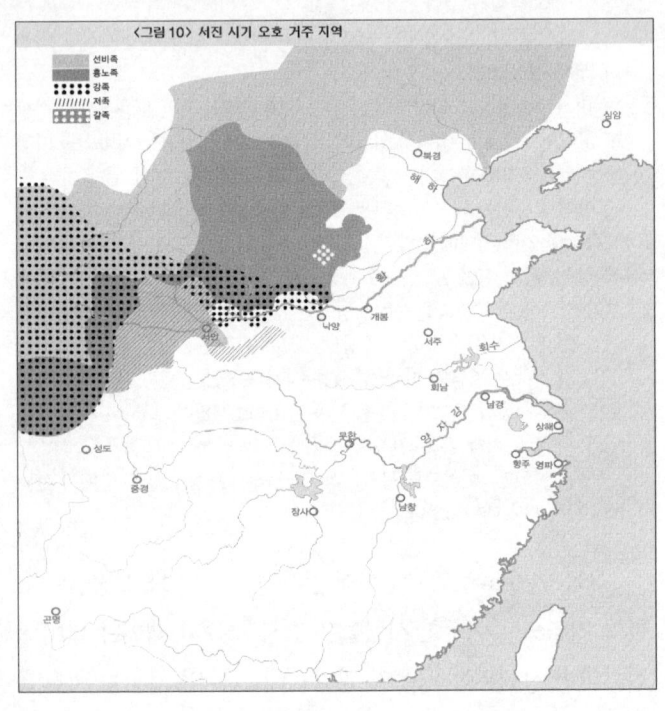

〈그림 10〉 서진 시기 오호 거주 지역

선비족
흉노족
강족
저족
갈족

심양

북경

해하

하

개봉

낙양

서주

회수

회남

남경

무한

양자강

상해

성도

항주 영파

중경

장사

남창

곤명

있다.

당시 중원평원은 291년부터 16년간 계속된 팔왕의 난 으로 생산 기반이 파괴되었고 때마침 자연 재해도 극심했으므로 수백만 명이 타향을 떠돌면서 걸식했다. 유목 민족들도 유민이 되어 떠돌다가 폭동을 일으켰다.

□ 294년에는 흉노족 학산郝散이 상당군에서 군사를 일으켰고, 2년 뒤 역시 흉노족 학도원郝度元 등이 중원에서 반란을 일으켰으며 저족과 강족도 호응했다. 이들은 저족 제만년齊萬年을 황제로 추대하고 진晉나라에 저항하다가 299년에야 진압되었다. 사천 지방에서는 종인 이특李特이 진나라에 반기를 들었고 이특의 아들 이웅李雄이 성도왕成都王을 칭했다가 뒤에 황제를 칭하고 국호를 성成이라고 했다.(304) 303년에는 형주의 소수 민족 장창張昌이 봉기하여 양자강 일대를 장악하기도 했다. 병주 지방에서는 흉노족 수령 유연劉淵이 기병하여 병주의 대부분을 차지했나.(304) 갈족인 석륵도 관동에서 무리를 이루고 있다가 유연에게 투항했고, 한족 왕미王彌도 진군에게 패한 뒤 유연에게 항복했다. 남양 지방에서는 왕여王如가 유민을 규합하여 기병한 뒤 석륵과 연합했다. 유민이나 유목 민족들의 폭동과 봉기는 이밖에도 많이 있지만 일일이 소개하는 것은 번잡하므로 생략한다.

304년 흉노족 유연이 자칭 대선우大單于 또는 한왕漢王이라 칭하더니 마침내 평양平陽에서 황제를 칭한 뒤 낙양을 공격했다.(308) 2년 뒤 유연이 죽자 그의 아들 유총劉聰이 형을 죽이고 즉위했다. 그는 유요劉曜를 파견하여 낙양을 함락한 뒤(311) 서진의 회제를 사로잡고 서진의 왕공 이하 3만 명을 살해했으며, 약탈과 방화를 일삼았다. 낙양이 함락되자 관중 지역 관리들이 종실 사마업司馬鄴을 황제愍帝로 옹립했다. 그러나 흉노족 유요가 장안을 포위하여 압박하자 성을 나와 항복함으로써 서진은 멸망했다.(316) 이것이 이른바 '영가의 난'으로 중국 역사상 가장 참혹한 살육 사건 가운데 하나다.

흉노와 갈족 등 유목 민족의 공격과 약탈로 중원과 관중은 아수라장이 되었다. 특히 낙양과 장안은 완전히 폐허로 변했으며, 화북 전체가 폐허가 되었다. 당시의 참혹한 상황에 대해 역사서는 다음과 같이 기록하고 있다.

> 주州의 동쪽은 모두 굶주려 사람을 사고 팔고 있으며, 떠도는 사람들은 셀 수도 없다. 유幽·병幷·사司·기冀·진秦·옹雍 등 6주는 메뚜기 떼의 피해로 풀과 나무, 소와 말이 모두 없어졌다. 또 큰 역병이 발생하고 기근이 든데다가, 백성들이 적도들에 의해 죽임을 당해 떠내려가는 시체가 황하를 가득 채웠고 백골이 들을 덮었다.[『晉書』 권26, 식화지]

서진이 멸망하자 서진의 관료와 백성들은 병란으로부터 자신들의 지역을 지키기 위해 자구책을 강구하기도 했다. 그러나 대부분은 수백 명, 많을 경우 수천 명씩 무리를 지어 차례로 고향을 떠났다. 고향을 등진 사람 가운데 열에 여섯 일곱은 강남 지방으로 피난했다. 이는 중국 역사상 가장 큰 규모의 인구 이동인데, 역사에서는 이를 '영가남도永嘉南渡'라고 부른다. 영가(307~312) 연간에 일어난 남쪽으로의 대이동이라는 뜻이다. 남쪽으로 건너간 화북 사족들과 일부 관료들은 진나라 종실 사마예司馬睿를 황제로 추대하고 진나라를 재건했다. 이 왕조를 동진이라고 한다.

서진이 멸망한 뒤 황하 유역의 광대한 지역은 다섯 유목 민족들이 정권을 세워 쟁패전을 벌이는 각축장으로 변했다. 그들은 각기 한 지역을 점거하여 근거지로 삼은 뒤 전쟁을 벌이면서 무차별적으로 약탈했고, 한족 유민들도 곳곳에서 폭동을 일으키고 약탈했으므로 중원평원은 처참한 지경으로 빠져들었다. 이 같은 상황은 439년 북위가 북방을 통일할 때 까지 130년 동안이나 계속되었다. 역사가들은 이 시기를 '오호십육국' 시대라고 부른다.

□ '오호五胡'는 흉노·선비·갈·저·강의 5개 민족을 가리키며, '십육국十六國'은 이들이 건립했던 16개 정권을 가리킨다. 16개 정권은 성成·하夏·전조前趙·후조後趙·전진前秦·후진後秦·서진西秦·전연前燕·후연後燕·남연南燕·북연北燕·전량前涼·후량後涼·남량南涼·서량西涼·북량北涼이다. 그러나 실제로 북방에서 활약한 종족은 5개에 그치지 않고 한漢족과 종인賨人도 있었으며, 건립된 정권도 16개 외에 염위冉魏·대代·서연西燕 등이 있었으므로, 7개 민족이 20여 개의 정권을 세워 각축전을 벌인 셈이다. 다만 최홍崔鴻이 『십육국춘추』를 지어 이 시대의 역사를 기록한 이래 이를 답습해서 그렇게 부르고 있을 뿐이다. 20개 국 가운데 성은 사천, 5개의 량은 하서회랑에 있던 정권으로 중원에서 활동은 많지 않았다.

오호십육국 시대는 20개의 정권이 흥망을 거듭하면서 전쟁은 일상화되어 있었고, 그로 인한 피비린내 나는 살육이 많았던 것은 말할 필요도 없다. 화북 지방에 남은 한족들은 대개 종족과 부곡·향리 백성들을 모아 무장 자위 조직을 결성하고 방어에 유리한 지역을 선택하여 높은 담을 둘러 집단으로 거주했다. 이를 보堡 또는 오塢라고 하는데 합해서 보오 또는 오벽塢壁으로 부르기도 한다. 오벽은 이 시대 사람들의 거주 단위이다. 오벽의 규모는 다양하여 큰 오벽이 여러 개의 작은 보오를 거느리기도 했다.

유목 민족들은 권력 세습 전통이 약했기 때문에 정변이 많았고 정변은 필연적으로 권력층 내부의 대량 살육으로 이어졌다. 하지만 이는 반드시 일반 민들에게 피해를 입힌 것은 아니므로 여기서는 생략한다.

유목 군주 가운데도 비교적 유화적인 군주가 있는가 하면 잔혹한 사람도 있었다. 잔혹한 군주의 대표격인 사람은 후주의 석호石虎와 염위冉魏의 염민冉閔이다. 석호는 후조 황제 석륵의 조카인데, 석륵이 죽자 태자 석홍石弘을 죽이고 황제가 되었다. 석호는 황제가 된 뒤 40만 명을 동원하여 궁궐을 짓고 미녀 3만 명을 선발하여 후궁으로 삼았다. 이에 반발하여 반란이 일어나자 잔혹하게 진압했다. 석호는 한인 사대부들을 닥치는 대로 살육하기도 했다.

석호가 갑자기 죽자 자식들 사이에 황위 쟁탈전이 벌어져 살육이 그치지 않았다. 그 가운데 석호의 양자인 한족 출신 염민이 정권을 탈취하여 국호를 위魏라고 고쳤다. 염민은 석호와 같은 종족인 갈족이 반항할까 두려워 하루에 수만 명씩 살해했다. 갈족은 코가 높고 털이 많은 것이 특징이다. 당시 코가 높고 털이 많은 사람들 가운데는 갈족으로 오인되어 죽은 사람이 아주 많았다.

저족 왕조 전진에서 부견苻堅이 황제로 즉위(357)한 뒤 한족 출신 재상 왕맹王猛을 등용하여 국력을 키운 다음 화북을 통일했다. 383년 부견은 보병과 기병 80여 만을 동원하여 동진을 공격했다. 결과를 먼저 말하면 전진군은 비수淝水에서 대패하여 80만 명 가운데 낙양으로 귀환한 사람은 겨우 10만에 불과했다. 이 전쟁을 역사가들은 '비수의 전쟁'이라 부른다. 당시 남북이 대치한 상황에서 동진은 상실한 북방의 옛 영토를 회복하고자 여러 차례 북벌군을 일으켜 치열한 전투를 벌였다.[조적과 환온의 북벌군] 북방의 유목 국가들도 간헐적으로 공격하여 밀고 밀리는 공방전이 계속되어 남북이 대치하고 있던 지역은 초토화된 형편이었다.

만약 이 전쟁에서 전진이 승리했다면 강남 지방도 초토화를 면치 못했을 것이다. 그러니 동진이 승리함으로써 강남이 유목 정권의 지배 위협에서 벗어날 수 있었다. 역사가들이 동진의 승리를 높이 평가하는 것은 이 때문이다.

비수전쟁의 패배로 전진이 급격히 와해된 뒤 화북 지방에서는 여러 개의 할거 정권들이 흥망을 거듭하면서 혼란 상황이 이어졌다. 이 혼란의 시대는 선비 탁발부의 북위가 화북을 통일함으로써 일단 종식되었다.(439)

북위는 할거 정권들을 정복한 뒤 그 세력을 발본색원하고 자국을 충실히 할 목적으로 피정복민들을 모두 이주시켰다. 예를 들면 386년 태조 도무제가 남연을 정복했을 때 산동 6주의 관리와 선비 모용부, 고구려 및 여러 유목 민족 36만 명을 강제로 북위의 수도인 평성으로 이주시켰다. 이렇듯 북위는 정복 지역에서 주민을 이주시키고 가축을 약탈하는 것을 기본 전략으로 삼았다. 이런 전란의 소용돌이 속에서 이리저리 끌려 다니거나 약탈당하며 목숨을 부지해야 했던 민들의 고달픈 삶은 이루 말할 수 없었다.

북위는 화북 통일 뒤에도 군사적인 통치 방법과 약탈적인 경제 정책을 계속 유지했으므로 여러 종족들이 이에 반항했다. 그 가운데 445년에 일어난 개오蓋吳의 반란은 매우 위세가 컸으며, 이후에도 산발적인 반란이 끊이지 않았다.

북위 태무제는 화북을 통일한 여세를 몰아 60만 군대를 동원하여 남조 송나라를 침공했다.(450) 북위군은 파죽지세로 회수를 건너 송나라 수도 건강建康을 위협했다. 송은 거국적으로 대항했고 백성들도 자발적으로 전투에 참여했으므로 북위군도 퇴각하지 않을 수 없었다. 그러나 퇴각하면서 노략질을 일삼았고 닥치는 대로 모든 것을 불태웠다. 전쟁이 끝난 뒤 강회 지방은 "제비가 집 지을 처마마저 없었다"고 할 정도로 철저하게 파괴되었다.

이후에도 남북 사이에는 적지 않은 공방전이 있었지만 난중의 평화가 왔다. 북위는 특히 효문제가 즉위한 471년부터는 공세적인 대외 정책을 지양하고 내치에 힘을 기울였으므로 민들은 모처럼 휴식을 취할 수 있었다. 효문제 시대의 일련의 개혁 정치를 '한화 정책'이라고 부른다.

북위는 한화 정책을 본격적으로 추진하기 위해 수도를 평성[지금의 대동]에서 낙양으로 옮겼다.(494) 이후 북위는 남조

제나라를 공격하기도 하고 북방의 유연을 공략하기도 했다. 유연은 당시 가장 강력한 적대 세력이었다. 북위는 지금의 오로도스[河套] 북쪽에서 하북성 장가구張家口 북쪽에 걸치는 지역에 6개의 진을 나란히 설치하여 유연의 침략을 방어하고자 했다.

처음 6진을 설치할 때는 군진의 장령들을 모두 종실과 선비 귀족들로 충당했다. 병사들 역시 유력가의 자제나 징발된 정예병으로 충당하여 중시했다. 그러나 낙양 천도 뒤 6진의 중요성이 떨어져 대우가 나빠지자 종실이나 귀족들이 그곳에 취임하기를 기피했다. 병사들 또한 포로나 범죄자로 채워졌다. 진병들은 가혹한 중노동에 시달리고 게다가 보급도 충분하지 못해 불만이 고조되어 갔다.

523년 회황진懷慌鎭에서 굶주린 병사들과 진민들이 반란을 일으키자 다른 진이 이에 호응했다. 이어서 옥야진沃野鎭에서 흉노족 파육한발릉破六韓拔陵이 기병하여 옥야·무천武川·회삭懷朔의 3진을 점령하자, 주변의 민들이 적극적으로 이에 호응하여 반란을 일으켰다. 북위는 대군을 파견하여 어려운 공방전 끝에 겨우 진압했다. 북위는 6진의 반란 세력을 발본색원하기 위해 항복한 6진의 병사와 진민 20만을 남쪽으로 이주시켰다. 이주된 사람들은 두락주杜洛周와 선우수례鮮于修禮의 지휘 아래 다시 반란을 일으켰다. 그러나 반란군은 곧 내부의 분열로 북위군에게 패배했다.

526년 선우수례의 부하였던 갈영葛榮이 다시 반란을 일으

켜 한때 무리가 1백만에 이르렀다. 갈영은 천자를 칭하고 국
호를 제齊라고 했으나 이주영爾朱榮에게 패했다. 회황진 병사
들이 반란을 일으킨 때로부터 갈영이 이주영에게 패할 때까
지 4년 동안의 전란으로 화북 지방은 폐허로 변했다. 역사가
들은 회황진 반란에서 갈영의 난까지를 '육진의 난'이라 하는
데, 이는 앞에서 본 아홉 번의 대동란 못지않은 전란이었다.
다만 육진의 난은 전란이 일상화되어 있던 시기에 발발한 것
이어서 이 책에서는 대동란으로 분류하지 않았다.

이주영은 대반란을 진압하면서 세력을 얻어 북위의 정권
을 장악했다. 그는 낙양에 진격하여 태후와 어린 황제, 그리
고 왕공과 백관 2천여 명을 하음河陰에서 살해하여 황하에 던
져버렸다. 이 때 황하는 시체로 막혀 물이 흐르지 못했다고
한다.

이주영은 허수아비 황제[효장제]를 세우고 권력을 수중에
넣었으나 조정에서 암살되었다. 그의 아들 이주조가 효장제
를 죽이고 민제閔帝를 세웠으나 고환에게 패해 권력은 고환에
게 돌아갔다.

선비족 병호兵戶 출신으로 갈영의 반란에 참여했다가 이
주영에게 투항하여 세력을 잡은 고환은 6진의 진민 10여 만을
거느린 실력자였다. 고환은 이주조를 제거한 다음 낙양으로
들어가 민제를 죽인 뒤 허수아비 황제[효무제]를 세우고 대승
상이 되어 권력을 장악했다. 고환은 진양에 주둔하면서 낙양

정부를 원격 조정했다.

효무제는 고환을 견제하기 위해 관중 지역을 근거로 세력을 떨치고 있던 하발악賀拔岳과 우문태宇文泰에게 원조를 청했다. 고환은 20만 군을 동원하여 낙양으로 진격하여 효무제의 죄를 묻고자 했다. 효무제는 낙양을 탈출하여 관중으로 가서 우문태에게 의지했다. 효무제가 관중으로 탈출하자 고환은 다시 허수아비 황제[효정제]를 세웠다. 역사가들은 고환이 장악한 정권을 동위東魏라 하고 우문태가 장악한 정권을 서위西魏라 부른다.

550년 고환의 아들 고양高洋이 동위 황제를 죽이고 스스로 황제가 되어 국호를 제齊라고 칭했다. 역사가들은 이 왕조를 북제北齊라고 부른다. 555년 우문태의 아들 우문각宇文覺도 서위 황제를 죽이고 스스로 황제가 되어 국호를 주周라고 칭했다. 역사가들은 이 왕조를 북주北周라고 부른다.

북제와 북주의 지배층은 선비족이거나 선비족화된 한인들이었다. 북제 조정에서는 이들 지배층 사이에 갈등이 많았다. 고환은 선비족에 대해서는 "한인은 너희들의 노예다. 남자는 너희들을 위해 경작하고 여자는 너희들을 위해 방직하여 너희들에게 곡식과 비단을 주고, 따뜻한 집을 지어주는데, 너희들은 왜 그들을 능멸하는가?"라고 했으며, 한인에 대해서는 "선비족은 너희들의 손님이다. 너희들로부터 한 섬의 곡식과 한 필의 베를 얻으면 적을 격퇴하여 너희들을 안녕케 하는데, 너희들은 왜 그들을 미워하는가?"『자치통감』권157, 537

년 9월죄 하고 달래면서 조화를 꾀했다. 그러나 두 종족은 끝내 조화되지 못했다.

북제가 두 종족 사이에 조화를 이루지 못한 반면 북주는 두 종족 사이에 조화를 이루었을 뿐만 아니라 정치 개혁도 어느 정도 성과를 거두었다. 북주는 이를 바탕으로 인적·물적인 열세를 만회하여 북제를 멸하고 화북을 통일했다.(577)

북주의 외척 양견楊堅이 북주를 멸하고 수나라를 세운 뒤(581), 마침내 남조 진陳을 멸하고 중국 전체를 통일했다.(589) 수나라의 통일은, 영가의 난이 일어난 311년부터 치면 278년 만에 다섯 개의 유목 민족들에 의한 전란의 시대가 끝났음을 의미한다. 그러나 후한이 망하고 삼국이 정립되는 220년부터 치면 369년 만의 통일이었다. 또 황건적의 반란이 일어나는 184년부터 치면 405년 만에 전란의 시대가 끝난 셈이다.

이 4백 년은 길고 긴, 그리고 참혹한 난세였다. 그러나 중국은 통일이 되고 나서 불과 20년 만에 또다시 대동란이 일어나지 않았던가? 중국의 역사가 왜 이렇게까지 되어야 했는지 참으로 알 수 없는 일이다. 수 말기의 대동란을 거치고 난 뒤 당나라가 들어서서야 비교적 장기간의 평화 시대가 온다.

사족으로 하나 덧붙여 둘 말이 있다. 동위를 세운 우문태, 수를 세운 양견, 당을 세운 이연의 조상은 공교롭게도 6진 가운데 하나인 무천진 출신들이다. 무천진은 호족과 한족의 잡거 지역이다. 유목민들은 남쪽 정주 사회로부터 이익을 얻기 위해 모여들었고 한족들은 전란을 피해서, 또는 죄를 짓고 도망해서 이 곳으로 이주했다. 이 곳에서 호족은 한족 문화에 익숙해졌고 한족은 호족 문화에 익숙해졌다. 뿐만 아니라 두 족속은 혼인 관계를 통해 새로운 종족을 탄생시켰다.

이연의 4세조 이희李熙는 호걸들을 이끌고 무천으로 왔다고 한다. 그는 원래 한인인데 이 곳으로 이주하여 호화胡化되었다. 우문태의 4세조는 원래 선비인인데 무천진으로 이주해 살면서 한화漢化되었다. 양견의 5세조도 원래 한인인데 이 곳으로 이주해서 호화되었다. 이들의 후손들이 북주·수·당 3개 왕조를 세웠고, 그 지배층을 구성한 공신 집단도 대개 같은 성향의 부류들이었다.

중국의 역사학자 진인각陳寅恪은 이들을 관롱關隴 집단이라 부르면서 역사적 의미를 부여했다. 4백여 년의 세월 동안 그렇게도 분탕질을 친 것은 호胡·한漢 두 족속을 결합하여 새로운 지배 집단을 만들기 위한 역사의 몸부림이었던가?

5) 거란족의 침략 전쟁 70년

당 말기에 이르러 안사의 난 이래 초원 지역을 제패했던 위구르가 붕괴하자 몽골리아 일대는 지배적인 세력이 없어져 일대 혼란에 빠졌다. 이 시기에 거란족 중에서 야율아보기

耶律阿保機라는 인물이 나타나 부족을 통합하고 거란국을 건립했다.(916) 이가 요遼 태조다.(재위 916~926) 그는 수차에 걸쳐 중국에 침입하여 한인들을 사로잡아 갔으며, 전란을 피해 이주하거나 투항한 한인 농민과 유력자들을 포용하여 국력을 확충했다. 부족을 통일하고 국력을 확충한 야율아보기는 서남 지역에 있는 탕구트·토욕혼 등을 원정하여 세력 범위를 오로도스 지방까지 확장하고 동쪽의 발해를 멸망시켰다.

당시 화북을 지배한 국가는 오대의 두 번째 왕조인 후당이었다. 마침 후당은 정변이 일어나 이종가李從珂가 황제의 지위를 탈취한 터였다. 이종가와 대립하고 있던 석경당石敬瑭은 하북 지역을 할양하는 조건으로 요 태종에게 원조를 요청했다. 이가 야율아보기의 뒤를 이은 야율덕광, 즉 태종이다.

호기를 맞은 요 태종은 대군을 이끌고 남침하여 후당의 수도 낙양을 함락하고 석경당을 황제로 옹립하여 오대의 세 번째 왕조인 후진後晉을 세웠다. 후진의 고조 석경당은 약속대로 하북 및 산서 북부의 대부분에 해당하는 연운십육주燕雲十六州를 거란에게 바쳤다.(936) 이와 더불어 다량의 금과 30만 필의 비단을 세폐로 바치고 요 태종에게 신하의 예를 취하기로 약속했다.

수말당초의 대동란 시기에도 북방에 위치한 반란군의 수령들 가운데는 원조를 얻기 위해 돌궐에 칭신한 사람들이 있었다. 당 고조 이연도 돌궐에게 칭신하고 병마를 빌려 장안으로 진격한 일이 있어 당 태종은 두고두고 이를 치욕으로 생각했다. 그러나 당나라 건국 이후 당나라는 물론 오대의 후량이나 후당의 경우도 북방 민족이 세운 왕조에게 신하로 칭한 일은 없었다. 후진 때 석경당이 거란에게 칭신했다는 사실은 북방 민족이 강성해지고 중국이 허약해졌음을 의미하는 것이었다. 이후 북송·남송 때는 유목 민족 군주들에 대해 칭신하는 일이 많아졌다.

석경당이 죽고 조카 석중귀石重貴가 즉위하여 약속 이행을 거부하자 거란이 대거 남침해 왔다.(944) 거란군은 완강한 저항에 부닥쳐 철수했으나 다음해 후진의 수도 개봉을 함락하고 이를 멸망시켰다. 개봉을 점령한 거란은 국호를 요로 바꾸고 화북 지배를 선언했다.

거란은 정복 전쟁 과정에서 피비린내 나는 살육을 벌였다. 후진을 멸하고 화북 지배를 선언한 뒤에도 잔혹한 통치와 약탈은 계속됐다. 첫째로 사방에 군대를 파견하여 물자를 약탈했으므로 개봉과 주변 1백 리 이내에는 민간의 재화와 가축이 완전히 고갈되었다. 둘째로 각 지방에 명령하여 동전과 비단을 샅샅이 끌어 모으고 산의 나무들을 모두 베어 들였다. 셋째로 지방 관아의 관리를 모두 거란인이나 거란에 동조하는 한인으로 교체했는데, 이들이 농간을 부려 조세를 가혹하게 징수했다.

요나라의 가혹한 통치 방식은 한족의 격렬한 저항이라는 당연한 결과를 불러왔다. 각 지방에서 봉기가 일어나 요나라

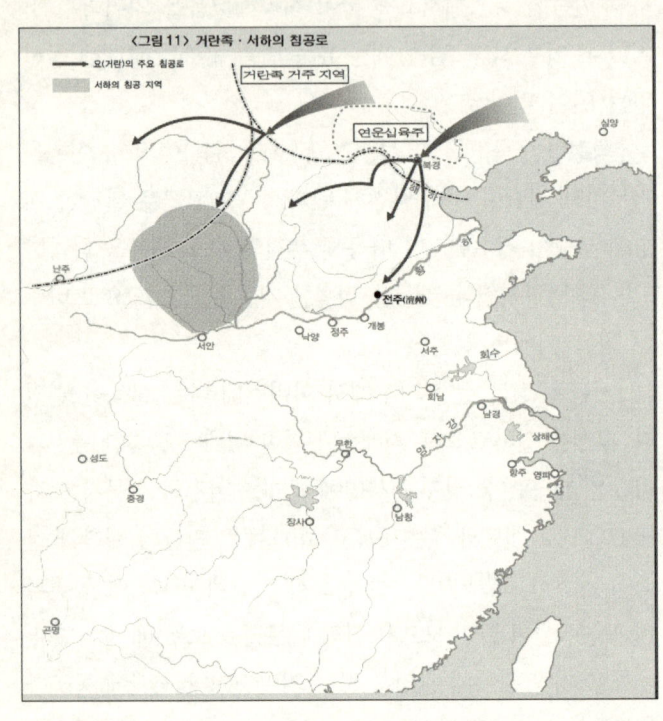

〈그림 11〉 거란족·서하의 침공로

요(거란)의 주요 침공로
서하의 침공 지역

거란족 거주 지역

연운십육주

가 파견한 관리들을 살해하고 이를 진압하기 위해 파견된 군대에게 막대한 타격을 입혔다. 결국 요나라는 중원 통치의 꿈을 접고 철수하기에 이르렀다.

이리하여 거란족의 중원 지배는 완전히 실패로 끝났다. 하지만 요 태종이 중원 왕조인 후진으로부터 연운십육주를 할양받아 자국 영토로 병합한 것은 그 의미가 크다. 왜냐하면 이 사건은 뒤이어 흥기한 여진족이 화북 전체를 지배하고, 또 그 뒤에 흥기한 몽고족과 만주족이 중국 전체를 지배하는 선례가 되었기 때문이다.

이전에도 이민족이 중국 내지에 들어와 나라를 세우고 중국을 지배한 예는 적지 않았다. 오호십육국 시대의 여러 왕조와 북위 및 북제·북주가 바로 그것이다. 하지만 중원 밖에서 나라를 세운 뒤 중국을 침략하여 지배한 족속은 거란족이 처음이었다. 이후 여진족-몽고족-만주족이 그 뒤를 이어 중국을 지배하는데, 이들이 세운 왕조 요遼·금金·원元·청淸을 정복 왕조(Conquest Dynasties)라 부르기도 한다.

이들을 정복 왕조라고 부르고, 위진남북조 때 중국을 지배했던 이민족 왕조를 침투 왕조(Infiltration Dynasties)라고 부른 사람은 미국의 독일 출신 동양학자 비트포겔(K.A. Wittfogel)이다. 침투 왕조는 중국 내지로 이주했다가 중국이 혼란한 틈을 타서 봉기하여 국가를 건립했고, 정복 왕조는 본거지에서 세력을 키운 뒤 중국을 정복하여 일부 또는 전체를 지배했다는 점에서 차이가 있다.

947년 거란군이 철수한 틈을 타 유지원劉知遠이 태원에서 황제를 칭하고 개봉으로 수도를 옮겼다. 이것이 오대의 네 번째 왕조인 후한後漢이다. 유지원은 즉위한 지 10개월 만에 죽고 아들이 계승했으나 후한은 화북을 통제하지 못했다. 곽위郭威는 후한의 명을 거역하는 절도사들을 제압하여 세력을 얻은 뒤 후한을 멸하고 황제로 즉위하여 국호를 주周라고 했다.(951) 이것이 오대의 다섯 번째 왕조인 후주後周이다.

곽위가 3년 만에 죽고 그의 양아들 시영柴榮이 대를 이었다. 이가 후주 세종으로 오대 시기를 통틀어 제일의 명군으로 일컬어진다. 세종 즉위 직후 북한北漢이 요나라 원조 아래 대군을 이끌고 침입했다. 북한은 유지원의 동생 유숭劉崇이 산서 지역을 근거지로 후한을 재건한 왕조다. 세종은 북한과 요 연합군을 격퇴하여 중원을 요나라의 위협으로부터 지켰다. 이 때의 전투를 '고평高平전투'라고 한다. 그 방어선은 북송 때까지 거의 유지되었다.

후주 세종은 군대를 정비하여 강력한 군사력을 확보한 뒤 통일 전쟁에 착수했다. 그는 먼저 양자강 유역의 남당을 공격하여 양자강 이북을 병합했다. 때마침 요나라는 어린 황제가 즉위했고 계속되는 전쟁으로 군사력이 약화되어 있었다. 세종은 이를 연운십육주 회복을 위한 공격의 기회로 보았다. 후주군은 손쉽게 연운십육주의 일부를 탈환했으나 세종이 병으로 죽자 일단 전쟁을 중단할 수밖에 없었다.

세종이 죽은 뒤 황제로 즉위한 사람은 7세에 불과한 공제

恭帝였다. 정변이 많아 황제권이 안정되지 못한 시기에 어린 황제의 즉위는 공명심이 높은 사람들이 놓치고 싶지 않은 호기다. 마침 북한과 요 연합군이 남침해 오고 있다는 기별을 듣고 후주 정부는 조광윤趙匡胤에게 전군을 이끌고 출정하도록 했다. 그러나 조광윤은 오히려 정변을 일으켜 황제에 즉위한 뒤 후주를 멸하고 송宋을 건국했다. 이 사람이 송 태조다.

송 태조는 먼저 내정을 정돈한 뒤 통일 전쟁에 착수했으나 통일 사업은 그의 동생 태종 때가 되어서야 완성되었다.(979) 태조와 태종은 국내 통일 전쟁을 우선하는 선남후북先南後北 정책을 기조로 했기 때문에 요나라와 긴박한 전쟁은 없었다. 요나라 공격은 북한을 멸하고 통일을 완성한 뒤에야 시작되었다.(979)

전력을 기울였던 이 전쟁은 참담한 패배로 끝났고, 태조 이래 숙원이었던 연운십육주 회복도 물거품이 되었다. 986년 다시 대대적인 공격을 시도했으나 결과는 역시 참담한 패배였다. 송군은 지휘 체계도 혼란스러웠고 부패한 때문이었다. 이후 송군은 더 이상 공세를 취하지 못하고 현상 유지에 급급했다.

1004년 요나라가 20만 대군으로 송나라를 공격하여 수도를 위협했다. 대신들 가운데는 천도를 주장하는 사람도 있었으나 송나라는 전주澶州에서 완강하게 저항한 끝에 강화를 맺는 데 성공했다.[전연의 맹] 송 조정은 주전파와 주화파가 대립했으나 주화파의 주장대로 강화한 것이다.

강화 조약의 내용은 요 황제가 형이 되고 송 황제는 아우가 되는 것이었다. 형식적으로는 쌍방이 평등한 형제의 나라가 된다는 내용이다. 그러나 송나라는 매년 은 10만 냥과 비단 20만 필을 바쳐야 했다. 이 엄청난 양의 세공을 바치는 것으로 북송은 멸망할 때까지 요나라와 평화 관계를 유지할 수 있었다. 송나라의 허약함을 그대로 드러낸 대외 관계였다.

이후 북방 민족의 침입이 있을 때마다 송 조정은 강화할 것인가, 항전할 것인가를 두고 치열한 대립을 벌였다. 대개는 주화파의 주장대로 강화를 선택했지만 후세 사람들의 평가는 대개 주전파에게 우호적이다. 주화파는 현실에서 승리했고 주전파는 역사에서 승리했다고 할 수 있는데, 이런 평가는 너무나도 일방적으로 당하기만 했던 아픈 역사에 대한 보상 심리일 것이다.

비록 굴욕적인 강화로 얻은 평화지만, 거란군이 최초로 후당에 침입한 936년부터 치면 70년 만에 얻은 평화였다. 또한 755년 안록산의 난으로부터 시작된 난세가 250년 만에 종결되었음을 의미했다.

그렇지만 서북 변경에서는 서하와의 지루한 전쟁이 계속되었다. 그 전쟁의 결말도 송나라가 매년 각종 명목으로 은 7만 냥과 비단 15만 필, 차 3만 근을 제공하는 조건으로 강화가 이루어졌다.(1044) 이런 부담은 송나라 재정을 더욱 고갈시켰고 백성들을 고난에 빠뜨렸다. 이 때문에 크고 작은 농민 반란도 적지 않았지만 대체적으로는 경제가 번영하여 결정적인 타격을 받지는 않았다. 서하와 강화한 때부터 북송을 멸망시킨 여진족의 침입 때까지 80년 동안 중국은 평화 시대로 경제와 문화의 발전을 이루었다.

6) 여진족의 침략 전쟁 100년

여진족은 중국 동북부 지역, 즉 흑룡강과 송화강 유역에서 장백산 기슭 일대에 걸쳐 거주하던 퉁구스계 종족으로 반농반목 생활을 하고 있었다. 처음에는 발해에 복속되어 있다가 발해가 멸망한 뒤에는 요나라의 세력권에 들어갔으나 모두가 그 지배에 복속된 것은 아니었다. 당시 사람들은 요나라 경내로 이주하여 요나라 호적에 편입된 부족을 숙여진, 삼림 오지에 남아 있던 부족을 생여진이라고 불렀다.

금나라를 건설한 완안부完顔部는 생여진에서 나왔다. 그들은 송화강 지류인 알츄카강 유역을 근거지로 하여 서서히 강력한 부족으로 성장해 갔다. 12세기 초 완안부의 추장 아쿠타阿骨打는 흩어져 있던 생여진을 모두 통합하여 나라를 세우고 국호를 금金이라 했다.(1115) 아쿠타는 금 태조다.

여진인들이 금나라를 건국하여 요나라를 위협하는 상황이 되자 송나라는 연운십육주를 회복할 수 있는 호기가 왔다고 판단했다. 송나라는 즉시 금나라에 사자를 파견하여 요나라를 협공하기로 동맹을 체결했다.(1120) 당시 여진인들은 요나라에게 많은 공물을 수탈당하고 있어 적개심이 깊었다. 이 때문에 동맹은 쉽게 체결되었다. 동맹 조건은 송나라가 요나라에 바치던 세폐를 금나라에 주는 대신 하북의 연운십육주는 송나라가 탈환한다는 것이었다.

이 동맹에 따라 송나라와 금나라는 남과 북에서 요나라를 협공했다. 금군은 요나라 영토 대부분을 점령했으나 송군은 요나라의 남경인 연경燕京을 공략하다가 오히려 대패하고 말았다. 송나라는 연경 공략 비용을 부담하는 조건으로 금나라의 원조를 받고서야 겨우 연경을 함락할 수 있었다. 금군은 연경을 함락한 뒤 철저히 약탈한 다음 관리와 기술자들을 포로로 잡아 북으로 귀환했다.

전비 배상을 조건으로 연경을 함락시켰지만 송나라는 약속을 이행하려 하지 않았다. 이에 격분한 금나라 는 다시 대군을 파견하여 연경을 함락하고 파죽지세로 남하하여 송나라 수도 개봉을 위협했다.(1125) 개봉이 위협을 받자 황제 휘종은 아들 흠종에게 양위하고 남쪽으로 피난해 버렸다. 휘종은 미술과 유흥을 즐기고 기이한 꽃과 나무를 좋아하여 여기에 막대한 재정을 쏟아 부을 뿐 정사는 돌보지 않던 무능한 군주였다. 그런 그가 막상 국가가 위기에 처하자 자식에게 양위하고 피난길로 나서버린 것이다.

조정도 주전파와 주화파로 나뉘어 대립만 할 뿐 뾰족한 대책을 강구하지 못했다. 그런 가운데 금나라는 배상금을 올릴 것(금 5백만 냥, 은 5천만 냥, 우마 1만 필, 비단 1백만 필), 산서 북부의 영토를 할양할 것, 송 황제는 금 황제를 백부로 받들 것 등을 요구했다. 송 조정이 마지못해 요구를 받아들이자 금군은 포위망을 풀고 귀환했다.

금군이 철수한 뒤 주전파가 정권을 장악했다. 주전파는 포위 속에 마지못해 수용했던 강화 조건을 파기하고 휘종을 수도로 맞아들여 항전을 선언했다. 이에 분노한 금나라는 대군을 파견하여 공격했다.(1126) 송군은 태원太原에서 10만 명이 고립된 채 장장 8개월 동안 항전을 계속했다. 그러나 수도 개봉은 1127년 포위된 지 40일 만에 함락되었다. 금군은 송 휘종과 흠종 및 황족과 궁녀·관료·기술자 등 3천여 명을 포로로 잡아 돌아갔다. 또한 북송 조정의 의례 기물과 보화, 그리고 민간의 재화까지 철저히 약탈해 갔다. 이로써 북송은 멸망했다. 이 사건은 당시 연호에 따라 '정강靖康의 변'이라고 부른다.

이어 금군은 화북 일대를 장악했는데, 이에 따른 파괴는 대동란과 맞먹는 참혹한 것이었다. 금군의 말발굽이 이르는 곳은 어디든 모두 유린되었다. 개봉 지역에서만 10여만 명의 남녀를 포로로 잡아갔으며, 도처에서 파괴와 약탈이 자행되었다. 백성들은 대부분 이산가족이 되었고, 추위와 허기를 못 이겨 죽어가는 사람들이 속출했다. 사람이 사람을 잡아먹는 참상도 도처에서 빚어졌다.

무차별적인 금군의 약탈에 대항하여 민간에서 자발적으

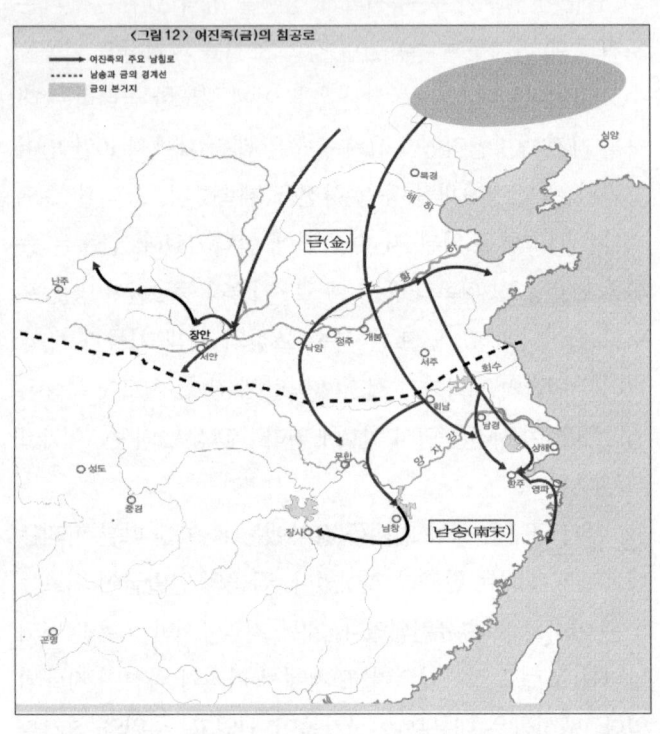

<그림 12> 여진족(금)의 침공로

━━━ 여진족의 주요 남침로
┅┅┅ 남송과 금의 경계선
▨▨▨ 금의 본거지

금(金)

남송(南宋)

장안

심양

북경

해 하

낙양 정주 개봉

서주

회수

무한

양 지 강

성도

중경

곤명

장사 남창

로 조직된 의병들이 금군에 상당한 타격을 입혔다. 때문에 금나라는 화북의 직접 통치를 보류하고 흠종 시대의 재상 장방창張邦昌을 황제로 즉위시키고 국호를 초楚라고 불렀다. 장방창은 금군이 철수하자 황제 자리에서 물러났지만 뒤에 즉위한 송 고종으로부터 자살의 명을 받았다.

개봉이 함락되고 황제가 포로로 잡혀가자 강왕 조구가 남경 응천부지금의 하남 상구에서 황제로 즉위하여 고종이 되었다. 역사에서는 개봉에 수도가 있었던 흠종 때까지를 북송, 고종 때부터를 남송이라고 부른다.

고종은 휘종이나 흠종과 마찬가지로 우매하고 무능했다. 즉위 초에는 이강李綱 등 주전파를 등용하여 항전 의지를 불태우는 듯했으나, 곧 주화파를 등용하여 오로지 도망하며 강화만을 구했다. 이강은 파면되고 개봉 지역을 방위하던 종택宗澤은 주화파의 견제를 받아 황하를 건너 진격할 수도 없었다. 칠순이 넘은 애국 노장수는 임종 전에 "강을 건너라"라는 말을 세 차례나 외치다가 죽었다고 한다.

금군이 다시 남진하여 공격해 오자 송 고종은 황급히 항주로 달아났고(1128) 금군은 양자강을 건너 항주를 위협했다. 고종은 항주에서 달아나 월주越州[현 소흥]를 거쳐 명주明州[현 영파]로 갔다가 마침내는 몇 척의 배에 나누어 타고 연해 각지로 옮겨 다녔다. 마침내 고종은 금나라에 사절을 파견하여 "황제의 존호를 쓰지 않겠습니다" "번신藩臣에 견주게 해주십

시오" 라고 하면서 강화를 애걸했다.(1129)

이후 금나라 사신이 오면 송 조정은 모두 신하의 예를 행했고, 송 황제는 기꺼이 금 황제의 아들 같은 위치로 만족했다. 그러나 금군은 공격을 멈추지 않은 채 추격을 계속하며 도처에서 노략질을 한 뒤 양자강을 건너 돌아갔다. 금군이 귀환한 뒤에야 고종은 겨우 항주에 돌아와 정식 수도로 정하고 정착하기에 이르렀다.(1131)

남송을 아주 멸망시켜 버리려던 계획이 실패로 돌아간 뒤 금나라는 공략 방식을 바꿨다. 금나라는 하남·산서 지방에 세력을 두고 있던 유예劉豫를 지원하여 괴뢰 정권인 제나라를 세워 송을 견제했다. 동시에 억류되어 있던 진회秦檜를 석방하여 남송 조정으로 보내 원격 조종하려 했다.

남송으로 돌아온 진회는 조정에 들어가 "천하를 무사하게 하려면 [송과 금이] 남과 북을 분할해서 다스려야 한다" 고 주장했다. 이 같은 주장은 고종의 견해와 일치했으므로 진회를 재상으로 발탁했다.

송 조정은 굴욕적이고 무능했던 반면 민간 의병과 일부 무장들의 저항은 완강했다. 특히 1130년부터 악비岳飛가 거둔 항금 투쟁 전적은 혁혁했다. 남경 수복, 양양襄陽·영郢·수隋·당唐·신양信陽 등 6주 회복, 여주廬州에서 금-제연합군에 대한 승리, 낙양 수복 등 그가 올린 전과는 대단한 것이었다. 이 같은 그의 승리는 의병들의 사기를 진작시키는 데 중요한 영향을 미쳤다.

괴뢰 정권인 제나라가 계속 패배하고 금군의 전과도 부진하자 금 조정은 괴뢰국인 제나라를 해체하고 화친을 타진했다. 고종은 금나라의 제안을 환영했다. 고종과 진회 등 주화파는 악비 등 주전파의 승리가 금나라의 분노를 사게 될 것을 두려워했을 뿐만 아니라, 자신들의 통치 권력을 위협할 수도 있다고 판단했다. 그래서 악비를 조정으로 소환하고, 이어서 악비·한세충·장준 세 장군의 병권을 해제했다. 또 전적으로 금나라 침입에 대항하기 위해 설치되었던 선무사도 폐지했다. 남송의 항복 의지를 간파한 금나라는 회수 이북의 영토와 악비의 죽음을 강화 조건으로 내걸었다. 남송조정은 금나라의 요구대로 1141년 연말에 악비와 그의 부하 장수 장헌張憲을 살해했다.

1141년 11월 남송은 금 조정의 요구대로 다음과 같은 내용의 조약을 체결했다.

첫째로 남송은 금나라의 신하가 되며 자손 대대로 신하의 예를 지킨다.
둘째로 남송과 금나라 양국은 동쪽으로 회수, 서쪽으로 대산관大散關을 국경으로 삼는다.
셋째로 남송은 매년 금나라에 은 25만 냥, 비단 25만 필을 바친다.

이것이 이른바 소흥화의紹興和議이다. 소흥화의로 1125부터 시작되어 15년 이상 계속되던 여진족의 침략 전쟁은 일단 마무리되었다. 그러나 이것으로 침략 전쟁이 완전히 끝난 것은 아니다.

회수 이북을 차지한 금나라는 수도를 연경(현 북경)으로 옮겼다.(1150) 천도 목적은 중원 지배를 본격화하고 남송에 대한 군사 작전을 효과적으로 펴기 위해서였다.

1161년 금나라는 60만 군대를 이끌고 네 갈래 길로 남송을 침공했다. 금군이 침공해 오자 남송군은 싸워보지도 못하고 궤멸했다. 양자강 이북 땅이 모두 금방이라도 금나라 손에 떨어질 상황이라 남송 조정은 항주를 포기하고 피난할 계책을 세우고 있었다. 다행히 양자강을 건너려던 금군이 우윤문(虞允文)이 이끄는 남송군에게 패퇴하여 항주는 온전할 수 있었다.

때마침 금나라가 지배하고 있던 중원 지방에서는 도처에서 농민 봉기가 일어났다. 중원 지방은 수십 년간 전란에 시달리고 있었는데 남송 침공 준비를 위해 수탈이 가중되자 민들이 크게 반발하여 저항하게 된 것이다. 금 황제는 속전속결로 남송을 멸하고자 공격을 독려했으나 오히려 장수들에 의해 살해되었다. 황제가 살해되고 몇 차례 공방전이 전개된 뒤에야 금나라와 남송 사이에 강화가 이루어졌다.(1165) 강화 조약의 내용은 금 황제가 숙부, 송 황제가 조카가 되고, 은과 비단을 소흥화의 때보다 5만씩 줄인다는 것이었다.

이로써 일단 전쟁은 끝났다. 50년 가까이 지속된 처참한 여진족의 침략 전쟁이 끝나는 순간이었다. 그러나 40년 뒤

(1205) 송나라의 북벌로 인한 전쟁이 다시 한번 더 있었다. 당시 재상 한탁주韓侂冑의 공명심과 잘못된 계산에 따른 이 전쟁도 사전 준비가 충분치 못해 패배하고 말았다. 결과는 금 황제는 백부가 되고 송 황제는 조카가 되며 막대한 배상 금과 한탁주의 머리를 바치는 것으로 강화 조약이 체결되었 다.(1208)

여진족의 침략 전쟁은 참혹한 재난을 빚었다. 여진족의 말발굽 아래 놓인 중원은 말할 것도 없고, 이전에는 비교적 안전했던 강남 지역도 피해가 막심했다. 전쟁 초기에는 중원 이 주된 무대였는데, 북송이 멸망하고 남송이 수도를 항주에 둠으로써 강남 지방이 공략 대상이 되었기 때문이었다. 이 시대를 살았던 장작莊綽은 『계륵편鷄肋編』에 당시의 참혹한 상 황을 이렇게 기록하고 있다.

해마다 가을이 깊어져 활이 굳고 말이 살찌는 계절이 되면 금나라 사람들이 쳐들어 왔다가 더위가 오면 돌아가는데, 멀 리 호주湖州·상주湘州·양절兩浙 지방에까지 미친다. 옛말에 이르기를 "해풍은 말에 이롭지 못하다"라고 했는데 그 때문이 리라. 이 때부터 월 지방 사람들은 가을이면 산 속에 숨었다 가 봄이 지나야 나온다.

장작은 계속해서 금나라 사람들이 중원에서 6·7년간 벌 인 참혹한 살육에 대해 구체적으로 기록하고 있다. 이에 대해서는 뒤의 '난세의 극단, 식인 사건' 편을 참고하기 바란다.

이 전쟁의 재난은 금나라 군대인 여진족을 포함해서 네 부류에 의해 야기되었다.

첫째는 여진족의 살육과 약탈이었다. 금군은 역사상 보기 드문 흉포하고 잔혹한 무장 집단이었다. 남송이 근거지로 삼았던 번화한 항주는 금나라 사람들이 중점적으로 타격을 가한 도시로, 금군이 반복해서 약탈하고 성을 깔아뭉갠 뒤 불태웠다. 당시 최대의 무역항이던 명주영파도 금나라 사람들이 점령한 뒤 산이고 바다고 다 뒤져 피비린내 나게 살육했다. 천하의 부유한 도시 소주는 금나라가 재물을 약탈한 뒤 성을 불태워, 1백 리 밖에서 연기가 보일 정도였다. 건강남경도 모두 재가 되었다. 경제가 발달했던 홍주·원주·균주·길주·담주도 금나라가 철저하게 약탈한 뒤 성 안 사람들을 도륙했다. 전국에서 위아래를 막론하고 금나라에 저항하는 투쟁이 일어났지만, 남송 황제를 우두머리로 하는 주화파에게 제지당했다.

둘째는 관군에 의한 약탈이었다. 패하여 후퇴만 하던 관군은 금나라에 저항한다는 것은 거짓이고 기실은 백성들을 약탈하는 데 급급했다. 그들은 금나라에 항전하는 데는 무능했으나 민들에게는 늑대나 호랑이처럼 무섭게 굴었다.

셋째는 반관반민의 무장 집단인 '유구流寇' 들인데, 금군에게 패한 뒤 민간에 흩어져 해악을 끼쳤다.

넷째로 황제를 우두머리로 하는 남송 정부인데, 금나라

이야기만 나오면 오로지 도망하거나 투항하기만 했고, 오직 전쟁하다가 죽지 않기만을 바랐다. 그러면서도 계속 세금을 증액하여 법정 세금 외에 갖가지 명목의 세금을 부과하여 모든 백성들은 풀뿌리를 캐먹었고 기본적인 생산 수단마저도 상실했다. 남송 고종 치하의 강남 땅, 특히 수도인 항주는 농업·수공업·상업 모두 전에 없는 엄청난 파괴를 당했다.

7) 몽고족의 침략 전쟁 70년

11~12세기 무렵 지금의 몽고고원의 초원 지대에는 크고 작은 부락들이 대단히 많았다. 몽고는 그 가운데 단지 한 부락의 명칭에 불과했으나 몽고부가 몽고고원을 통일한 뒤에는 이 지역에 사는 모든 부락을 가리키는 명칭이 되었다.

11세기 말에 이르러 몽고고원은 분쟁과 전쟁의 소용돌이에 휘말려 지극히 불안한 상태에 놓였다. 이 전쟁은 몽고고원을 괴멸 상태에 빠뜨렸고 대다수 유목민들은 심각한 피해를 입었다. 게다가 금나라의 수탈도 가혹했다. 따라서 내분을 종식시키고 이산된 각 부족을 통일해서 여진족의 지배에서 벗어나는 것이 당시 몽고족의 시대적 사명이었다. 이러한 시대적 요청에 부응하여 등장한 영웅이 징기스칸이다.

1206년 징기스칸은 몽고고원을 통일했다. 이후 징기스칸

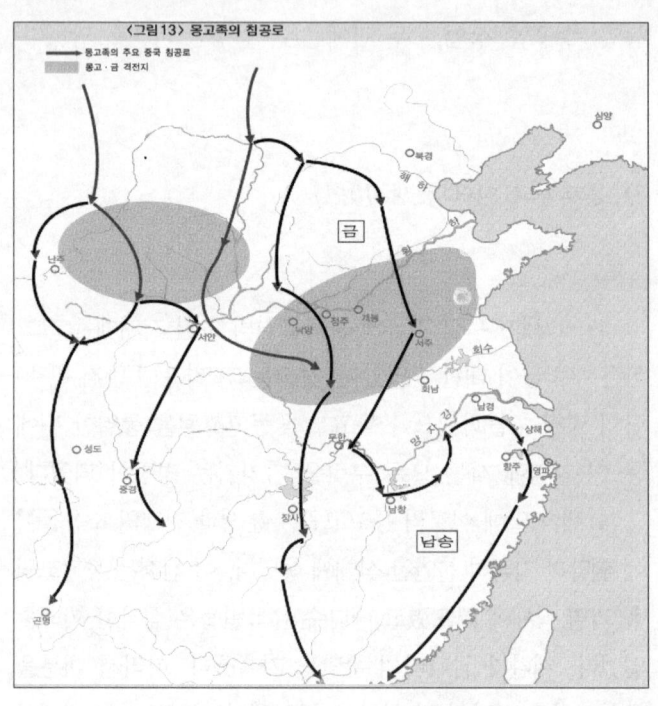

<그림13> 몽고족의 침공로

■■→ 몽고족의 주요 중국 침공로
▨▨ 몽고·금 격전지

과 그의 후손들이 기동성 있는 기마병을 이용하여 유라시아 대륙의 대부분을 정복하고 대제국을 건설한 사실은 너무나 유명한 일이다. 2000년 1월 타임지는 과거 1천 년 동안 가장 위대한 인물로 징기스칸을 선정한 바 있다. 그렇지만 본고는 중국의 어두운 역사에 대한 것이므로 몽고족의 중국 침략사만을 다루려 한다.

징기스칸은 몽고고원을 통일한 뒤 전열을 가다듬어 대대적으로 금나라를 공격하기 시작했다.(1211) 1213년에는 금나라를 궤멸상태에 빠뜨렸고, 1214년에는 금나라의 중도中都를 포위했다. 금나라는 사신을 보내 화친을 청하여 일단 몽고와 강화할 수 있었다.

그러나 그해 몽고의 위협을 피하기 위해 금나라가 수도를 개봉으로 옮기자 몽고군은 공격을 재개하여 다음해 연경을 점령했다. 이후 징기스칸은 서쪽 원정에 여념이 없어 1223년까지 화북 지방에서는 산발적인 공방전만 지루하게 이어졌다. 전쟁이 계속되는 동안 주민들은 황하 남쪽으로 피난했는데, 개봉에만 1백여 만 명이 모여들었다.

그 사이 금나라는 몽고군에게 입은 상실분을 남송에게서 보상받을 계산을 하고 대대적인 공세를 취해(1217) 남송의 많은 성을 탈취했다.

징기스칸이 죽고 오고타이가 황위를 계승했다. 몽고군은 본격적으로 금나라를 공격하여 회하 상류 지역 대부분을 차지했으나(1227) 멸망시키는 데까지는 이르지 못했다. 오고타이는 남송과 연합하여 금나라를 멸망시키려는 전략을 택했다. 남송은 금나라에 대한 적개심만을 앞세워 몽고군에 협조했다. 전에 거란에 대한 적개심 때문에 금나라에 협조했다가 결국 금나라에 쫓겨 강남으로 피난한 과거의 쓰라린 교훈을 잊은 채 전철을 그대로 밟았다.

남송의 협조 아래 몽고군은 우회해서 금나라 수도 개봉[당시는 汴京]을 공격했다. 1233년 개봉이 몽고군에게 함락되자 금 황제[哀宗]는 채주蔡州로 달아났다. 다음해 남송군과 몽고군의 협공을 받아 채주가 함락되자 마침내 금나라는 망했다.

몽고의 금나라 공격으로 화북 지방은 다시 극도로 파괴되었다. 몽고군은 재화와 가축을 약탈했을 뿐만 아니라 사람들을 살육하거나 잡아다가 공장工匠이나 노비로 삼았다. 화북의 민들은 몽고군의 살육과 약탈을 피해 남쪽으로 도망가니 화북 지방은 폐허로 변했다. 예를 들면 금나라 때 택주澤州에 속한 여섯 개 현의 주민은 5만 9,416호였는데 전쟁이 끝난 1235년에는 단지 973호만이 남았다. 월주越州는 전란 중에 모두 불타고 훼손되어 백성들은 관청이나 사찰에서 살았고 그나마도 1백 명 가운데 한 명도 남아 있지 않았다고 한다.

몽고군의 말발굽이 미친 곳이라면 어디든지 같은 상황이었다. 더구나 몽고 위정자들은 농업 생산의 중요성을 인식하지 못하여 몽고족 대신 가운데는 '한인은 나라에 보탬이 되지 못하니 그들을 다 몰아내고 땅을 목초지로 만들어야 한다'라고 주장하는 사람까지 있을 정도였다.

몽고 정권은 점령지를 몽고의 왕공이나 공신들에게 분봉했다. 왕공이나 공신들은 분봉받은 투하投下라고 부르는 봉토 안에서 행정·사법·재정 등 전권을 행사할 수 있었다. 봉토 안의 민들은 사유 재산으로 간주되어 이주의 자유도 허용되지 않았다. 그들이 부담해야 하는 세역은 가산을 다 기울여도 감당할 수 없었다. 그러나 본래 호강 지주들은 군비를 갖추어 자위하고 있다가 몽고군에 항복하여 몽고 정권의 협조자로 변신하여 수탈에 앞장섰다. 이밖에도 화북 지역의 민들은 여러 가지 명목으로 수탈당하여 생존하기 어려운 지경이었다. 이에 대해서는 일일이 다 설명하지 않는다.

거란족 출신으로 오고타이 시기에 중서령을 역임한 야율 초재耶律楚材는 농토를 목장으로 조성하는 것에 반대하고 몽고 위정자들로 하여금 조세 제도를 확립하도록 촉구했다. 분봉된 봉토에 관리를 파견해서 일정한 액만을 징수하여 봉토의 주인에게 주고 봉토의 주인이 세금을 함부로 징수할 수 없도록 제도화했다. 그렇지만 이 제도는 대부분 잘 시행되지 못했다. 이리하여 화북 지방은 몽고가 화북을 점령하기 시작한 때(1213)부터 쿠빌라이가 즉위하여 제도를 정비할 때(1260)까지 약 반세기 동안 암흑 시대가 계속되었다.

금나라가 망하자 남송 정부는 황하 이남 지방을 수복하고자 군대를 동원하여 개봉으로 진격하고 이어서 낙양을 점령했다. 뜻하지 않게 개봉과 낙양을 점령당한 몽고군은 즉각

반격에 나서 낙양을 공격했다. 남송군이 패주하여 달아나자 황하의 둑을 터뜨려 남송군을 몰아내는 등 몽고군은 전면적인 대공격을 전개했다.

1236년 몽고군은 한중漢中을 거쳐 사천을 공략했다. 사천의 남송군은 완강하게 저항했지만 결국 1개월 만에 사천 전 지역이 몽고군의 지배하에 놓였다. 사천을 철저하게 약탈한 뒤 몽고군은 일단 철수했다. 몽고군 주력이 철수하자 사천의 남송군과 민들은 재결집하여 잔여 몽고군에게 완강하게 저항했다. 다시 주력을 투입한 몽고는 이후 20년간의 공방전을 벌인 뒤에야 사천을 점령할 수 있었다.

양자강 전선에서도 간단없는 공방전이 계속되었다. 그러다가 1259년 간신 가사도賈似道가 은밀히 강화 협상을 벌였고, 몽고에서도 몽케칸汗이 죽어 칸위 계승 문제로 쿠빌라이가 철수함으로써 일단 전황은 소강상태에 접어들었다.

1267년 몽고군의 대대적인 공략이 다시 시작되었다. 몽고군은 양양과 번성을 공격했으나 남송군의 완강한 저항으로 패퇴했다. 그러나 위구르족이 만든 회회포回回炮의 위력에 의해 번성이 떨어지고, 양양도 고립무원의 상태에서 항복해 전황은 몽고군 쪽으로 기울었다.(1273) 가사도가 정예 병력 13만과 전함 2천5백 척을 동원하여 맞섰으나 일거에 궤멸되었다.(1274) 승세를 탄 몽고군은 절강으로 진격하여 수도 항주로 향했다. 도처에서 있었던 완강한 저항에도 불구하고 1276년 2월 남송의 마지막 황제 공제恭帝가 항복을 청하자 몽고군은 항주로 들어가 황제와 태후 등을 포로로 잡았다.

이것으로 모든 것이 끝난 것은 아니었다. 몽고군이 항주를 급습하자 문천상文天祥이 의병 1만여 명을 이끌고 수도에 들어가 우승상이 되었다. 그러나 이미 강화 협상이 진행되고 있었으므로 신변에 위협을 느낀 그는 복건으로 피신했다. 문천상은 그 곳에서 장세걸張世杰·육수부陸秀夫 등과 함께 익왕 조시趙昰를 황제로 추대하고 저항했다. 조시가 병으로 죽자 위왕 조병趙昺을 황제로 추대한 그들은 남해 애산崖山[광동성 애산섬]으로 옮겨 항전을 계속했으나 문천상은 포로로 잡히고 육수부는 황제를 업고 물에 빠져죽었다.(1279. 2) 쿠빌라이는 문천상의 우국충정에 감동하여 3년간이나 감옥에 가둔 채 투항을 권유했다. 그러나 문천상은 끝내 이를 거부하고 처형당했다.

1235년부터 시작되어 45년 가까이 계속된 몽고의 남송 침략 전쟁은 이로써 끝났다. 그런데 몽고가 금나라를 공격한 1211년부터 계산하면 70년 전쟁이었다. 70여 년 동안 중국 대부분 지역이 전쟁의 참화를 입었다. 이 전쟁은 장기간 공방이 전개되어 그로 인한 피해가 상상 이상으로 참혹하였다.

1260년에 황제로 즉위한 세조 쿠빌라이는 민족 차별 정책을 썼으므로 북방의 한인과 남방의 남인은 심한 차별 대우를 받았으나 정세는 안정되어 갔다.

8) 만주족의 침략 전쟁 60년

명나라 때의 여진족은 야인野人·해서海西·건주建州의 세 부족으로 나뉘어 있었다. 16세기에는 송화강 유역으로부터 요하의 지류인 혼하渾河 유역까지 널리 분포했다. 16세기 말 명나라의 통제가 약화되자 여진족은 이 틈을 이용하여 독립하고자 했다. 마침내 건주부에서 누르하치가 등장하여 인근 여러 부족을 병합하고 칸의 지위에 올랐다.(1616) 누르하치는 명나라와 조선의 연합군을 격파한 뒤 여진족의 통일 국가인 후금을 건국했다.(1619) 국호를 후금이라 한 것은 옛 금나라의 후계자임을 표시한 것이다.

당시 명나라는 자연 재해와 농민 반란으로 외정을 돌보기 어려웠다. 후금은 명나라와 요동에서 몇 차례 공방전을 벌였지만 어렵지 않게 요동을 장악했다. 누르하치가 죽고 그의 뒤를 이은 홍타이지는 조선을 복속(1636)시킨 뒤 국호를 청淸으로 바꾸고 민족 명칭도 여진에서 만주로 고쳤다.

산해관 동쪽의 만주 지방을 완전히 장악한 청나라는 명나라를 병탄하기 위한 기회를 노리고 있었다. 청나라가 산해관을 넘어 북경으로 진격할 기회는 의외로 쉽게 찾아왔다. 농민군 수령 이자성에 의해 북경이 함락(1644)되고 명나라 마지막 황제(숭정제)가 자살했다. 그러자 산해관에서 청군을 방어하던 명나라 장수 오삼계가 청나라에 투항한 뒤 그 군대와 연합하여 북경의 이자성 군을 공격했다. 다년간 오삼계의 방어로 산해관을 넘지 못했던 청군이 이번에는 거꾸로 오삼계의 안내를 받아가며 산해관을 넘을 수 있었다. 이자성은 양군의 공격에 패해 북경을 버리고 섬서 지방으로 철수했다. 같은 해 9월 청 순치제가 심양潘陽에서 북경으로 들어와 북경을 청나라의 수도로 삼았다. 이로써 청나라의 중국 지배가 시작되었다.

순치제는 자신이 중국의 황제임을 선언한 뒤 지주들을 회유하기 위해 지주들의 진정한 적은 농민 반란군이라는 것을 강조했다. 자진해서 의탁해 오는 사람에게는 관작을 준다고 대대적으로 선전했다. 순치제는 명나라 마지막 황제 숭정제의 장례를 치르고 3일 동안 상복을 입도록 명했다. 또한 명나라의 원수를 갚겠다는 것과 명 말기의 가혹한 세금을 철폐할 것을 약속했다. 이 같은 약속은 지주들에게 유리했으므로 많은 지주들이 그들을 공격 목표로 삼았던 농민군을 진압하기 위해 청조 정권에 협조했다.

이자성은 1645년 청군과 오삼계의 협공을 받아 패배한 뒤 호북에서 무장한 지주들에게 피살되었다. 사천의 농민군 수령 장헌충도 청군에게 패배하여 죽었다.(1646) 이자성과 장헌충이 죽은 뒤 나머지 무리들이 독자적으로, 또는 남명 정권과 연합하여 저항했으나 결국 패배했다. 이 때의 농민 반란에 대해서는 앞서 '여덟 번째의 대동란'에서 설명했다.

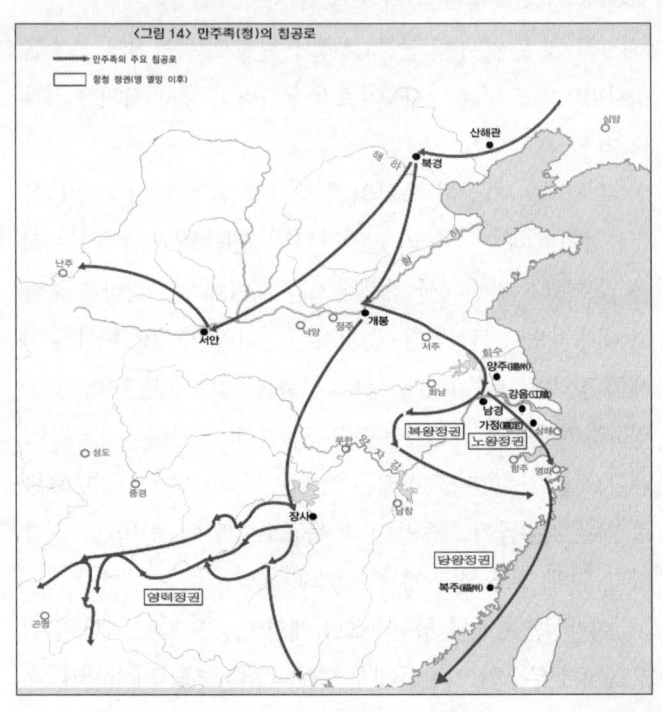

〈그림 14〉 만주족(청)의 침공로

→ 만주족의 주요 침공로

□ 항청 정권(명 멸망 이후)

일부 관료와 지주들은 강남에서 명나라 왕족을 받들고 정부를 수립하여 청나라에 항전했다. 그 첫 번째가 남경에서 조직된 복왕福王 정부다. 복왕 정부는 명 조정의 고질병을 그대로 안고 있어 환관들이 권력을 장악했고, 양자강 북쪽에 설치된 4개 진의 장수들도 제 역할을 다하지 못했다. 다만 병부상서 사가법史可法만이 군사들을 독려하며 굳건히 항전했다. 1645년 4월 도도多鐸가 이끄는 청군이 양주를 포위하고 5차례나 항복을 권유하는 서신을 보냈으나 사가법은 봉함조차 뜯지 않은 채 죽기를 맹세하고 항전했다.

　양주는 결국 청군에 의해 함락되었는데, 청군은 결사 항전에 대한 보복으로 10일간에 걸쳐 대학살과 약탈을 단행했다. 이 때의 살육에 대해서는 당시 성 안에서 구사일생으로 살아남은 왕수초王秀楚라는 선비가 「양주십일기」[이호석 역, 『중국 역대수필선』(을유문화사, 1970)]라는 일기로 남겼다. 이 일기를 통해 10일 동안 진행된 무차별적인 살육과 강간·약탈을 확인할 수 있다.

　전근대 전쟁에서 성이 함락될 경우 대개 3일 동안 약탈을 허용했다고 하는데, 양주의 경우는 10일 만에 봉도령封刀令이 내려지고 안민패安民牌가 내걸렸다. 봉도령이란 칼을 칼집에 넣어 사용하지 못하게 하는 명령이고, 안민패는 이제 죽이지 않을 터이니 안심해도 좋다는 것을 알리는 방문이다. 달리 말하면 봉도령이 내릴 때까지는 마음대로 칼을 사용할 수 있었음을 의미한다. 일기에는 점령군들이 마음 내키는 대로 찌

르고 강간하고 약탈하는 모습이 생생하게 묘사되어 있다.

봉도령이 내린 뒤 각 사원에 통보하여 쌓여 있는 시체를 화장하고 화장한 시체는 장부에 기록하게 했는데 장부에 기록된 것만도 80만이었다. 이는 아마도 양주 일대에서 살육된 사람을 모두 합한 수일 것이다. 우물이나 강에 투신하여 죽은 사람, 문을 잠그고 불타 죽은 사람은 이 안에 포함되지 않았다. 우리는 이 같은 참혹함을 어떻게 설명해야 하는가? 이 책자는 청나라의 엄격한 탄압과 단속에도 민간에 은밀히 전해져서 후일 청나라 타도를 외치는 사람들의 필독서가 되었다.

양주 대학살 직후인 1646년 6월 초 도도는 강음현江陰縣 현민에 대해 3일 안에 모두 변발을 하도록 명령하고 이를 거부하는 사람은 모두 효수할 것이라고 포고했다. 청나라는 산해관을 넘어 들어온 직후 변발을 명령했다. 특히 양주 항전이 있은 뒤 강남 전역에 변발을 강요하는 포고령을 내렸고 강음현에서는 3일 내에 변발을 완료하라는 특단의 포고령을 내렸던 것이다. 그러자 도처에서 반발이 있었다. 개명한 신사였던 허원고許元高는 "머리는 자를 수 있지만 머리카락은 자를 수 없다"고 항의했다. 백성들도 사방에서 10여만 명이나 자발적으로 모여들어 지방관을 살해하고 청군에 저항했다. 6월에서 8월까지 청군은 맹렬한 공격을 가했지만 성을 함락시키지 못했다.

그러나 강음성의 식량이 떨어지고 원군도 없는데다가,

포격으로 성벽까지 무너지자, 8월 21일 청군이 성으로 진격해 들어왔다. 성 안에서도 치열한 시가전이 전개되었다. 이 시가전에서 청군 쪽도 3왕과 18장수 및 7만 5천의 병사가 전사했을 정도로 전투가 치열했다. 성이 제압되자 청군은 3일 동안 성민을 도륙했는데, 살해된 사람이 10여만 명에 달했다.

같은 무렵 가정嘉定도 청군에 의해 점령되었다. 지현 장유희張維熙는 청 정부의 방침에 따라 변발령을 내렸다. 이 또한 격렬한 반항을 초래했다. 항청 의지를 가진 이 지방 신사들은 민중을 규합하여 격렬하게 항전했지만 결국 식량이 떨어져 성이 함락되고 무수한 인명이 살해되었다. 이후 두 차례 더 반청 활동이 있었지만 그 때마다 철저히 도륙되었다. 이를 '가정삼도嘉定三屠'라고 한다.

복왕 정부가 멸망한 뒤 소흥에서 노왕魯王 정부가 성립되었다. 노왕 정부는 황종희黃宗羲 등의 지휘 아래 항청 활동을 전개했다. 이어 복건에서도 당왕唐王 정부가 성립했다. 당왕은 정지룡鄭芝龍 등이 옹립했다. 이들 두 정부는 각각 그 지역 세력을 기반으로 하고 있었기 때문에 협조가 잘 이루어지지 않았다. 마침내 서로 정통을 다투다가 청군에 의해 각개격파되었다.

1646년 11월 광서순무인 구식사瞿式耜와 양광총독 정괴초丁魁楚 등과 이 지방 관료들이 계왕桂王을 황제로 옹립하고 이듬해 연호를 영력永曆이라고 정했다. 이 정부가 남쪽에서 재건된 남명 정부 가운데 가장 오랫동안 존속한 항청 정권으로 보통 영력 정권이라고 부른다.

영력 정권은 청군의 압박에 대항하기 위해 농민군의 지지가 필요했다. 농민군 또한 청나라 및 조정에 협조하는 지주들의 농민군 섬멸 작전에 대항하기 위해 영력 정권과 연합할 필요가 있었다. 이런 상호의 필요성으로 적대적이어야 할 두 세력이 연합했다.

당시 농민군은 이자성이 죽은 뒤 학요기柳搖旗와 이과李過 등의 통솔 아래 약 40~50만 명이 있었다. 이들은 남명군과 연합하여 호남성에서 청군을 격퇴하고 한수 유역까지 점령했다. 농민군과 남명군의 승리에 고무된 화북 백성들이 이에 호응해 왔고 청나라에 투항했던 장수들도 청나라에 반기를 들었다.

항청 투쟁의 상황이 이렇듯 유리하게 전개되었지만 영력 정권은 부패와 붕당으로 전력이 크게 약화되었다. 더구나 농민군 장수들을 논공행상에서 제외했을 뿐만 아니라 시기하고 배척했다. 이에 농민군은 연합 전선을 탈퇴하여 독자적으로 항청 투쟁을 전개했다. 청군은 영력 정권이 약화된 틈을 타 반격에 나서 영력 정권을 위축시켰다.

서남 지방의 항청 투쟁이 위축되고 있을 당시 장헌충의 잔류 세력이 새로운 항청 세력의 중심으로 떠올랐다. 장헌충의 부하였던 손가망孫可望과 이정국李定國은 귀주로 진격하여 영력황제(계왕)를 받들었다. 이들은 청군을 대대적으로 공격하여 상당한 전과를 올렸다.(1652) 그러나 이 역시 내분이 생겨

손가망이 이정국에게 패해 청군에 투항함으로써 전력 손실은 말할 것도 없고 정보가 누출되는 등 위기를 맞았다.

청군은 사천·귀주·운남으로 진격하여 이정국을 패퇴시켰다.(1658) 영력황제와 이정국은 포로로 잡혀 황제는 처형되었고, 이정국은 심문을 받다가 병사했다.(1661) 이로써 반청운동은 사실상 실패로 끝나고 있었다.

그러나 전란의 여진은 아직도 남아 있었다. 청나라로부터 왕으로 봉해져 넓은 영토를 차지하고 있던 오삼계·경정충·상가희가 반란을 일으켰던 것이다.(1673) 이른바 '삼번의 난'이다. 삼번은 영토가 넓고 세력이 강하여 청나라가 중국을 통일적으로 지배하기 위해서는 반드시 격파해야 할 장애 요소였다. 삼번의 거센 반발로 전쟁은 9년 동안이나 계속되면서 강남 일대를 휩쓸었다. 1681년에야 삼번의 난은 진압되었다.

난이 진압되자 대륙에서의 반청 세력은 완전히 일소되었다. 그러나 대만을 근거로 한 반청 세력이 아직 남아 있었다. 당왕이 사로잡혔을 때 정지룡도 청군에 항복(1646)했으나 그의 아들 정성공鄭成功은 부친과 결별하고 항청 활동을 계속했다. 그는 금문도를 근거지로 하여 복건·절강 연해 지방에서 청군을 괴롭혔고 1652년에는 양자강을 거슬러 올라가 한때 남경을 점령한 적도 있었다. 정지룡 군을 섬멸하기 위해 청군은 동남 지방의 해안을 봉쇄했다.(1661) 이를 천계령遷界令이라 부르는데, 해안으로부터 20㎞ 이내에는 사람이 살지 못하게 하는 조치였다. 정성공 세력의 보급을 차단하기 위한 이 조치는 정작 생업에 종사하는 현지 주민들에게 막대한 타격을 주는 것이 되고 말았다.

정성공은 대만으로 진출하여 네덜란드인들을 축출하고 이 곳을 본거지로 삼아 항전을 계속했다. 1662년 정성공은 죽었지만 그의 아들 정경鄭經과 손자 정극상鄭克塽이 대를 이어 항전을 계속했다. 그러나 정씨 세력 내부에 분란이 일어나 항복하는 사람들도 나타났다. 청군은 정씨 측에서 항복한 장수 시랑施琅을 이용하여 정극상의 항복을 받아냈다.(1683)

이로써 만주족이 요동을 공격한 때로부터 60년, 명나라가 멸망한 때로부터 40년, 정성공이 대만을 점령한 때로부터 20년 이상 전개되었던 기나긴 전쟁이 끝을 맺었다.

침략 전쟁이 마무리되고 난 뒤 1670년대부터 1800년까지 약 130년 동안은 강희(1662~1722) · 옹정(1723~1735) · 건륭(1736~1795) 세 황제의 시대로 중국 역사상 보기 드문 태평성세였다.